ホロニカル・アプローチ

~統合的アプローチによる心理・社会的支援~

定森恭司・定森露子　著

目次

第1章　ホロニカル・アプローチとは………3

1　ホロニカル・アプローチとは………3
2　ホロニカル・アプローチ誕生の背景………3
3　ホロニカルとは………3
4　生きづらさとは………3
5　新しい生き方の創造契機としての生きづらさ………4
6　多様な理論と技法の背景………4
7　ホロニカル・アプローチの統合性………4
8　ホロニカル・アプローチの活用範囲………5
9　被支援者と支援者関係の相互包摂性………5

第2章　"こころ"とは――"こころ"のホロニカル性について………10

1　「絶対無」「空」でもある"こころ"………10
2　脳＝"こころ"ではない………10
3　「絶対無」と"こころ"………10
4　「空」と"こころ"………11
5　"こころ"と「自己」と「世界」の関係………12
6　「自己」と「世界」の不一致・一致………12
7　「我（私）」について………12
8　「我」と「自己」と「世界」の関係………13
9　ホロニカル関係としての「自己」と「世界」………13
10　ホロニカルな"こころ"の世界………13
11　因陀羅網の比喩と"こころ"………14
12　言語と"こころ"………15
13　量子力学と華厳の描く世界の相似性………16
14　ある要素に含まれる全体………16
15　観察主体と観察対象の関係の不確定性………17

第3章　新しいパラダイム――ホロニカル・パラダイム………18

1　「自由無碍の俯瞰」による自己と世界の「ホロニカル関係」の実感と自覚………18
2　場に即した相談体制や面接構造の構築………18
3　観察主体と観察対象の関係への注目………21
4　「意識の立場」から「場の立場」へ………22

The Holonical Approach

5　自我同一性より，自己同一性の重視………26
　6　多層多次元な"こころ"の現象の包括的理解………28
　7　内的世界と外的世界の俯瞰………30
　8　共同研究的協働関係の場の構築………32
　9　西洋と東洋の"こころ"のとらえ方の統合化………34
　10　発見・創造され続ける答え………37
　11　直接体験との照合………38
　12　ホロニカル・アプローチの立場および姿勢………39

第4章　ホロニカル・アプローチの主要概念………40
　1　"こころ"の理解のための主な概念………40
　2　"こころ"の現象の理解を助ける概念………43

第5章　自己の発達………52
　1　自己の発達の段階………52
　2　重層的発達………54
　3　自己と場（生活環境）との関係………54

第6章　ホロニカル・アプローチの方法………55
　1　生きづらさ（苦悩）の意味と扱い方………55
　2　見立て………56
　3　生きづらさの共有化と自由無碍な俯瞰………59
　4　不一致・一致の俯瞰………61
　5　フレームワーク（俯瞰的枠組みづくり）による場づくり………64

第7章　ホロニカル・アプローチの主な技法………68
　1　小物などによる外在化………68
　2　場面再現法………70
　3　対話法………73
　4　能動的想像法………76
　5　ただ観察………79
　6　超俯瞰法………81
　7　スケール化法………84
　8　無意識的行為の意識化法………85
　9　スポット法………88
　10　三点法………93

文献　105／索引　107／執筆者略歴　巻末

注意1．本書は，心理療法の立場からまとめ，遠見書房から出版した拙書『ホロニカル・セラピー；内的世界と外的世界を
　　共に扱う統合的アプローチ』（定森．2015）を，心理臨床の立場以外の人にも活用できるようにまとめ直したものです。
注意2．本書の中で扱われる事例は，ホロニカル・アプローチの理論や技法の紹介を目的として創作されたものです。
　　事例の創作にあたっては，相似的パターンを示した実際の事例をいくつか組み合わせることによって，まったく新し
　　いひとつの事例として再構成されています（ホロニカル・アプローチでは，「構成的事例」と概念化しています）。

The Holonical Approach

第1章

ホロニカル・アプローチとは

1　ホロニカル・アプローチとは

　"こころ"は苦悩の源ですが,創造の源でもあります。この視点にたった時,生きづらさは,より創造的人生の契機になります。

　そこから,

　「生きづらさを契機に,"こころ"の内的世界および外的世界を自由無礙に俯瞰することによって,より生きやすい生き方の発見・創造を促進する支援方法」というホロニカル・アプローチが創発 * されました。

2　ホロニカル・アプローチ誕生の背景

　福祉・学校・開業領域での心理・社会的支援の実践を通じて生まれた方法です。"こころ"の深層から,身体,関係性や社会に至るまで,自己(部分)⇔世界(全体)の関係を自由無礙に俯瞰しながらアプローチするもので,フロイトやユング,家族療法,プロセス指向心理学,システム論,ナラティブ・セラピー,トランス・パーソナル心理学に加え,西洋哲学から東洋思想までをバックボーンにして誕生しました。

3　ホロニカルとは

　「ホロニカル」という概念は,「部分と全体の縁起

---

*創発:個々の要因や部分からは明らかにはならない相互に関連する複数の要因が合わさって全体としての振る舞いを見せるような複雑系(気象,経済,神経,細胞,人間,社会,経済など)のシステムにおいて,局所的な複数の相互作用が複雑に自己組織化することで,個別の要素の振る舞いからは予測できないようなシステムが構成される現象のこと。

的包摂関係」を意味します。日頃の心理・社会的支援の中で明らかになっていく感覚を,何か適切に表現できるよき言葉はないかと模索していたおりに,「ホログラフィック・パラダイム」(Wilber, 1982)や「ホロン」(Koestler, 1978)の概念に遭遇し,オリジナルな概念として創りだしたものです。その後,仏教の「縁起」の思想,華厳経の「相即相入」「一即多,多即一」の考え方と極めて相似的であることを知り,昔からある捉え方なのかと,改めて気づかされています。

　「部分」は,「全体」に包み込まれるとともに,「部分」もまた,「全体」を包み込もうとします。部分と全体は,相互に包摂的関係,すなわちホロニカル関係(縁起的包摂関係)にあると考えます。

　自己(部分)と世界(全体)の関係もホロニカル関係にあり,そもそも"こころ"がホロニカル性をもつと考えます。

4　生きづらさとは

　自己と世界の出あいを直接体験と呼ぶならば,"こころ"の働きのすべては直接体験を通して私たちに実感・自覚されていきます。しかし自己と世界の出あいは,いつも両者が一致するとは限りません。むしろ,瞬間・瞬間,絶え間なく不一致と一致を繰り返しているのが現実です。

　窮極的な不一致は地獄のような気分をもたらし苦悩の源となりますが,窮極的な一致はあたかも天国のような気分と充実感をもたらします。自己と世界が一致する時は,"こころ"穏やかで,一点の曇りもなく清浄で,すべてが"あるがまま"に

Holonical Approach

あります。しかし自己と世界が少しでも不一致となる時は、"こころ"が激しく乱れ、自己と世界は引き裂かれ、不安、迷い、苦痛に苦悩することになります。一致の累積は生きやすさの感覚をもたらしますが、不一致の執ような累積体験は、苦悩となり生きづらさをもたらします。

5　新しい生き方の創造契機としての生きづらさ

ホロニカル・アプローチでは、生きづらさは、新しい生き方の発見・創造のチャンスと考えます。しかし見直しのためには、自己と世界の不一致に伴う生きづらさを自由無礙に俯瞰できるような場が必要です。人は、安全で安心な場を得てはじめて、自己と世界がより一致していくような新たな人生の生き方を発見・創造することができるのです。苦悩を、治療する、回復させる、直すのではなく、これまでの人生の見直しの契機として積極的に活用しようとするわけです。

生きづらさを契機にほんの少しでもより生きやすい人生の道を求めた時から、新しい人生の道が開かれてくるのです。「初めて発心する時は、すなわち正覚（仏陀の悟り）を成す」（華厳経）とあります。「求めよさらば与えられん」（新約聖書「マタイ伝」）といえるのです。

6　多様な理論と技法の背景

"こころ"は多彩な顕れ方をします。その結果、心理・社会的支援の理論や技法も、実にさまざまなものが生み出されてきました。今では、百家争鳴状態にあるといっても過言ではありません。そのため、同じ"こころ"を扱う専門家たちにあっても、まずは、自分がもっとも馴染みやすかったり、あるいは得意にできそうな理論や技法を意識的あるいは無意識のうちに身につけようとしています。

宗教にも、キリスト教、仏教、イスラム教等々と違いがあり、同じ宗教内でもさまざまな宗派や学派があるように、それぞれの専門家が、多彩な"こころ"の「ある側面に特化」した理論や技法を研究しながら切磋琢磨しているのです。

しかしながら、"こころ"のとらえ方のパラダイムの違いや扱う"こころ"の対象の違いを十二分に理解するならば、「意識は多次元的である、あるいは、多くのレベルからなっている。心理学、心理療法、宗教のおもだった学派や宗派は、それぞれ異なったレベルに力点を置いている。したがって、これらの学派や宗派は互いに対立しているわけではなく相補的であり、それぞれのアプローチはそれ自体のレベルに着目している限りおおむね正しく、妥当なものである。こうして、意識に対するおもなアプローチの真の統合が実現可能となる」（Wilber, 1977）という考え方には耳を傾けるべき価値があります。

7　ホロニカル・アプローチの統合性

"こころ"に関するさまざまな理論や技法は、事物を識別・分析しようとする「観察主体」と識別・分析される「観察対象」の組み合わせの差異として統一的に理解することが可能ではないかと考えられます。「観察主体」と「観察対象」の組み合わせの違い自体が、同じ"こころ"を対象としながらも、あたかも変幻自在な"こころ"の顕れとなっていると考えられるからです。何をどのように見ようとするかの違いによって、"こころ"の顕れ方まで変化してしまうのです。

ホロニカル・アプローチは既存の"こころ"に関するさまざまな理論や技法の統合に成功した方法なのではありません。杉原保史が指摘するように、「統合的アプローチはむしろ学派の存在を前提としたアプローチです。もう少し正確に言えば、複数の学派の存在を前提としたアプローチです。多様な学派のうちで一番優れている学派を特定し、もっぱらそれだけでやっていけるとは考えないのが統合的アプローチなのですから」（杉原, 2009）といえます。ホロニカル・アプローチを提起する本意は、「あらゆる理論や技法は、"こころ"という複雑な現象をめぐる観察主体と観察対象の組み合わせの差異として、体系的・統合的に見直すことができるのではないか」という「新しいパラダイム」の提案にあります。

それぞれの理論や技法に信頼を置く人が、自ら

信じる理論や技法の有効性ばかりに拘泥している限りでは，新しいパラダイムの構築の必要性を実感することもないでしょう。しかし，一学派の理論や技法だけでの対応に限界を感じた時，他の理論や技法に打開を求めたり，他の理論や技法を同化していこうとするならば，異なる理論と技法の統合的活用を可能とする新しいパラダイムの構築が同時作業として必要になります。ある問題に特化した「一般化された単一のアプローチの活用」によるエビデンスの探究とは別に，ひとりひとりの人に応じた「パーソナライゼーション化された多層多次元的なアプローチの活用」によるエビデンスの探究も可能と考えられるのです。

　例えば，システム論的観点から家族関係や人間関係などの外的対象関係に焦点を合わせるのか，客観的に記述可能な行動・認知の変容を対象とするのか，過去の親との関係などの経験と記憶から形成された表象などの内的対象関係を扱うのかは，多層多次元な"こころ"の顕れの，どの層，どの次元に，被支援者や支援者がどのような観察主体から，どのような構えから観察しようとしているのかという差異として統一的に記述できます。そして，もしある層，ある次元を扱うだけでは，なかなか変容が見込めない時，異なる層や異なる次元を異なる観察主体から新たな観察主体と観察対象の関係を再構築することで，観察対象に対する新しい体験の仕方，理解の仕方や対処の仕方が発見・創造される確率を高めることができると考えられるのです。既存のある理論や技法だけの対応で行き詰まった時などには，これまでの観察主体と観察対象をめぐる固定的パラダイムを脱構築して，同じ現象に対して，観察主体と観察対象をめぐる新たな視点からアプローチすると，全く新たな展開が創発されてくる可能性が高まるのです。ただし，異なる"こころ"に関する理論や技法を混乱なく統一的に活用するためには，異なるパラダイムをさらに統合する「新しいパラダイム」の構築が必要と考えます。

8　ホロニカル・アプローチの活用範囲

　ホロニカル・アプローチは，相談員，カウンセラー，ソーシャル・ワーカー，臨床心理士，公認心理師，医師，教師，社会福祉士，保健師，看護師，保育士……などの対人支援の立場にある人ならば誰でも活用することができます。

　本来ならば，ホロニカル・アプローチを使う時にその人のことを，「ホロニカリスト」とか，「ホロニスト」とでも呼びたいところですが，馴染みもない用語を使うことは避けました。そこで，生きづらさを抱えた人を前にして，「相談を受ける立場にある人」や「支援する立場にある人」のことを，とりあえず，広く社会一般で使われている「支援者」と称することにしました。したがって，「支援者」という「　」内を，相談員，カウンセラー，ソーシャル・ワーカー，臨床心理士，公認心理師，医師，教師，社会福祉士，保健師，看護師，保育士……と読み替えていただいても構いません。

　また生きづらさを抱えた人のことを「当事者」と表記し，生きづらさを抱えた当事者がある特定のテーマに関して相談や支援の場に登場した場合には「クライエント」と表記することにしました。

　またホロニカル・アプローチは，関係者を支援対象とする場合もあるため，そうした時は，当事者・クライエント・関係者を含むすべての対象者を「被支援者」と表記しています。

9　被支援者と支援者関係の相互包摂性

　ホロニカル・アプローチでいう被支援者とは，生きづらさを抱え苦悩する状態にある人という意味です。「者」と表記しても，正確には，ある状態にあることを意味します。そのため，被支援者と支援者の関係は固定的なものではなく，むしろとても流動的なものと考えられます。したがって，被支援者／支援者関係は，社会的文脈や歴史的文脈の中でいくらでも変容します。例えば，障害児（者）の支援に関わる支援者が障害児（者）と関わる中で，人生にとって何が最も大切かという生きる意味に気づかされ救われるという現象がしばしば起きます。また重篤な疾病者を抱える家庭やローカルな地域社会が人と人の絆をより深くする

Holonical Approach

契機にもなる場合があります。支援活動を通じて，被支援者と支援者が共に救われるという心的現実にしばしば出合う時，もはやどちらが被支援者でどちらが支援者であるかという区別や境界の垣根を越え，共に苦悩を抱えながら支え合う関係に目覚めることになるのです。

「社会的包摂」というキーワードがさかんに使われるようになりました。しかし，障害，疾病，ひきこもり，無収入などの状態にある人が支援の対象者であって，そうした問題を抱える人たちを「健康な人」や定型発達の人がサポートすることが社会的包摂だとは思われません。むしろ，障害や疾病の有無を超えて，人と人が生きづらさを相互包摂しあうことのできる関係をつくりだすことが社会的包摂と考えられます。適切な社会的包摂能力をもった社会こそが，過剰な自立心や極端な依存心をもつことなく，お互い必要な時に人や社会に助けを求めることのできる自立した人を育むことができるのです。苦悩を共にし，問題解決を求めて相互支援的包摂関係を構築する「新たな社会的絆の創成」（共生的社会の共創）こそが大切なのではないでしょうか。

煩悩即菩提，生死即涅槃という考え方が仏教にあるように，苦悩が新しい人生の道の発見・創造の源になると考えられます。一人では抱え込み切れない苦悩を抱えているある人の存在を知った時，身近な人がその苦悩をシェアし，共に少しでもよりよき新たな人生の道を発見・創造しようとする行為そのものが今も昔も社会的包摂の原点と考えられるのです。

かつての時代に比べれば，子ども，女性，性で悩む人たち，障害児（者），高齢者など社会的マイノリティーの立場になりやすい人に対する医療体制，相談支援体制や法的並びに社会制度も充実してきました。しかし制度的充実化の時代の中での生きづらさの問題は新しい局面に入ってきています。支援者がアウトリーチ的支援を試みても支援を拒んだり，監視社会的な圧力を感じる人が一方で増加してきているのです。支援を受けることを求められる立場からすれば，支援を受けること自体が自尊心を傷つけられ，主体的に生きる権利を奪われるかのような恐れを抱くのです。実際，支援を受けることを批判し，痛みをシェアすることもなく，自己責任だけを求める人たちが多くいる社会ですから，批判に敏感になり支援を拒むのは当然です。しかし真の自立とは，必要な時に人や社会の助けを求める力を指すのではないでしょうか。人生史においても，家族史や民族史においても，死が誰の身の上にも平等に起きるように，誰もが阿鼻叫喚の出来事に遭遇することを避けられません。人は，いつでも，弱者，障害者や疾病者と呼ばれる状態に落ち込み，絶望し，生きる意欲を失う可能性をもっているのです。

ホロニカル・アプローチでは，あらゆる苦悩は単純に個人の病理や責任だけでもなければ，社会の病理や責任だけでもなく，内的世界や外的世界の狭間に起きる自己と世界の不一致こそが源と考えます。しかしよくよく落ち着いて振り返ってみれば，自己と世界は，常に不一致であり続けていることはあり得ません。自己と世界が一致する瞬間もあるのです。特に自己外の何かが不一致を一致して受け止めてくれたと実感できた時，誰もが絶えまなく不一致と一致の世界に生きていることに気づきます。こうして不一致・一致をあるがままに俯瞰し直視することができる「新たな社会的絆を創成する場」さえあれば，人は自らほんの少しでも一致に至る出口方向を発見・創造することが可能になっていくと考えられるのです。

〈事例1〉

不登校状態にある中学2年生の女の子Aがいます。このAの担任Bは，母親の養育態度があまりに過保護で，登校渋りに対しても甘すぎると考えています。そこで担任は，母親にAの登校渋りに対して，もっと毅然たる態度をとることを勧めます。それに対して，Aとの個別面接を実施したスクールカウンセラーCは，彼女が人目ばかり気にしていい子に振る舞おうとしている面に注目し，いい子でなければいけないという思考の枠組みの柔軟化の必要を感じ，認知行動療法を受けてみないか

とAに提案します。また，母子で通っている心療
内科の主治医Dは，Aについて手元にある診断基
準を手がかりにして，「発達障害の疑いのある社交
不安障害」と診断し，当面の間は自宅静養と投薬
治療に専念する必要があると，Aにではなく母親
に伝えます。そして，当の本人Aはというと，級
友のいじめなど人間関係にぼんやりと悩んでいま
す。しかし，そのことをどうしても誰にも言い出
せないままの状態にあります。

　傍から見ると笑い話に思えるかもしれません。
しかし，"こころ"の問題をめぐる現場では，こう
したことが至るところで起きているのです。それ
ぞれの人のそれぞれの見解や見立てには，それな
りの根拠があります。その意味では，まったく間
違ったことをいっていると簡単に片づけるわけに
もいきません。しかし，それぞれの見立ての違い
は，具体的アプローチの違いにもつながり，この
ままではAと母親に混乱をもたらすのは明らかで
す。問題は，お互いの見立ての差異をどのように
統合的に整理していけるかという点に絞られます。
その整理の上で，まずはどんなアプローチを選択
することが適切かがはじめて決まります。こうし
た整理の作業を抜きにして，異なる見解に基づく
異なるアプローチを同時進行させてしまうと，問
題を一層こじらせる危険すらあるのです。

　同じ不登校状態という現象をめぐって，観察主
体と観察対象の組み合わせの違いから，"こころ"
の多層多次元のまったく異なるレベルの問題が提
起され，アプローチすら異なるものが提案される
のです。不登校状態には，さまざまな問題が複合
的に包摂されているのです。

　観察主体と観察対象をめぐる不確定性のテーマ
は，"こころ"の現象が多層多次元的になって顕れ
る限り，支援の現場では，実はよく起きている出
来事なのです。

　ホロニカル・アプローチでは，ひとつの問題（部
分）には，他の層や他の次元に関するさまざまな
問題が包摂されていると考えます。

　Aの不登校の問題には，母親の養育態度の影響，
Aの認知の特徴の影響，医学的問題やAの対人関

係の特徴など，複雑で多岐にわたる問題が包摂さ
れているのです。仮にAのまじめな思考の特徴ひ
とつを取り上げたとしても"こころ"の他の層や
他の次元の問題が包摂されています。Aの気質や
性格，無意識のテーマ，家族の影響，学校や地域
社会の影響，社会・文化などの影響など，多層多
次元にわたる問題が包摂されているのです。「個人
の心の病の治癒の過程から考えて，その個人の属
する文化のあり方や，その改変ということまで視
野に入れてゆこう」（河合隼雄，1995）という観
点もホロニカル・アプローチと類似しています。

　すべてがホロニカル関係（縁起的な包摂関係）と
して複雑に絡み合っている現象にも関わらず，た
だひとつの要素を取り出して，これが原因だとい
うこと自体に無理があるといえるのです。Aの抱
える生きづらさには，観察主体と観察対象をめぐ
って展開する実に多層多次元にわたる複雑な問題
がホロニカル的に包摂されているのです。

　そこでホロニカル・アプローチでは，次のよう
なアプローチをとります。

　Aの不登校の問題には，"こころ"の多層多次
元の各レベルにおいて，いくつかの悪循環パター
ンを発見することができます。しかし，多岐にわ
たる悪循環パターンのそれぞれは，いずれも，あ
る層ある次元での局所的悪循環パターンと言えま
す。しかし，ホロニカル論的観点からすれば，あ
る局所的な悪循環パターンは，他の層や他の次元
の悪循環パターンと縁起的関係にあると考えられ
ます。そこで実践的かつ現実的には，まずはどの
レベルの層や次元の悪循環パターンでも構わない
ので，「今・ここ」という支援の場で顕在化してき
た悪循環パターンの中で，もっとも実行可能で変
容見込みのあるテーマに絞り，その変容に専念し
ます。その変容が可能となると，すべてが縁起的
関係にあるため，自ずと他の層や他の次元の悪循
環パターンの変容を促していきます。

　悪循環パターンとは，自己と世界の関係をめぐ
る観察主体と観察対象の不一致が反復し続けてい
る状態と言い換えられます。したがって，あるレ
ベルでの適切な変容とは，観察主体と観察対象が

Holonical Approach

より一致し，自己と世界の一致を引き起こしやすい生き方に変容することを意味します。あるテーマをめぐる観察主体と観察対象をめぐる局所的な変容体験が引き金となって，異なる層や異なる次元での悪循環パターンの変容を自発自展的に刺激していくのです。

Aの事例でいえば，まずはAの友達との関係がより生きやすい関係へと変容する時，それは何も言えなかった友人に対して適切な自己主張化が可能となる経験の獲得にとどまらず，自ずと母親とか担任とか主治医に対する自己主張化の出現という形で，B，C，Dの憂慮したテーマに関しても適切な変容を促進していくと予測されるのです。

Aと母親は，心理相談室にスクールカウンセラーCの紹介でやってきました。Cの紹介状には，B，C，Dの見立ての違いによる混乱状況などが簡略にまとめてありました。またインテーク面接（初回面接，母子合同）の中でも，母親もAも意見の錯綜状態への戸惑いを口にしました。しかしながらAは，インテーク面接の中で，B，C，Dの見立てにはなかった級友との人間関係の悩みをほのめかします。ただし，いかにも母親の反応を気にした態度です。そこでカウンセラーは，2回目以降の面接はAの個別面接を中心とし，合同面接は必要に応じて実施するという面接構造を提案し，母親とAの合意を得ます。

Aの個別面接では，友人関係の整理をホロニカル・アプローチの技法の一つである小物を使った場面再現法によって対応します。安全かつ安心できる俯瞰的枠組みの中で，まずはA自身が日頃の人間関係を振り返る場を構築するのが目的です。

3回にわたる面接の中で，級友との人間関係の場面再現法による振り返り，Aは，外向きの自分と内向きの自分の差異など，"こころ"の内・外の対象との関係に関する自らのパターンの特徴に気づき，この気づきによって，次のような見立てがクライエントと共有されていきました。

（1）外面（外我）としては，級友に限らず相手の気持ちを大切にし，できるだけ相手の期待に応えるべきと考えていること。

（2）外面（外我）は，内面（内我）から湧きあがる願望・欲求は自己制御すべきと思っていること。

（3）内面（内我）は，自分の内面から湧きあがる願望や欲求を充足しようとすると，外面（外我）と対立することを恐れ，何か悪いことをしているかのような不安を抱くこと。

（4）内面（内我）は，身体的自己が重くなって動けなくなる感覚をしばしば抱いていること。

個別面接では，いろいろなことが取り上げられましたが，（1）〜（4）のようなパターンがAの観察主体と観察対象（自己と世界）という関係をめぐって反復していることが明らかになっていったのです。Aの観察主体には，（1）（2）の特徴をもった外我が布置することがほとんどでした。Aの内的世界における内的対象関係では，内面（内我）に自己犠牲的態度を求める外我が観察主体になり，観察対象となった内面（内我）が萎縮してしまうというパターンが反復していました。またAの外的世界における外的対象関係では，他者の気持ちを大切にするという価値を内在化した外面（外我）が観察主体となって，級友の気持ちばかりを観察対象として気を遣うような対人関係のパターンが繰り返されていることが明らかになりました。

また，級友からすれば，Aの言動は，内面（内我）のAの自己犠牲的な態度によって支えられていることなど，まったくわからないような表向きの態度をとっていることも共有されていきました。

そこでカウンセラーはAに対して，外面（外我）と内面（内我）という内的対象関係を小物を使って外在化し，外在化された外面（外我）と内面（内我）を使って，ホロニカル・アプローチの技法の一つである対話法を実施します。

すると対話法の開始当初は，内面（内我）がほんの少しでも自己主張的発言をすると，外面（外我）は間髪入れず，「そんなことを言うと級友を傷つけることになるのでないか」と内面（内我）を押さえ込み，内面（内我）も外面（外我）に圧倒され萎縮する態度をとっていましたが，対話を繰

り返していく中で，しだいに内面（内我）が外面（外我）に対して，「身体的な息苦しさ」や「辛さ」を表明しはじめるとともに，外面（外我）もしだいに「信頼できる親友を求めるならば，もっと自分の気持ちを主張してもいいのかもしれない」という考えに変容していく展開となりました。

またＡの内的対象関係のパターンは，悪夢の反復となっても顕われていました。夢の中では，いつも傍若無人に振る舞う少女や得体の知れない妖怪が暴れまわり，夢の中に登場する家族や級友を傷つけてばかりいたのです。こうした悪夢は，明らかに日常的なＡの態度と補償関係にある夢として理解されていきました。Ａの内面（内我）の奥底には，憤怒する少女や暴れる妖怪のような "こころ" の動きが隠されていることが明らかになったのです。実際，Ａは夢の中の少女や妖怪に対して，「なんかうらやましい気持ちもある」と告白しました。しかし一方では，たとえ夢の中であろうと周囲の人を傷つけることに対する強い罪悪感を抱いていて，とても複雑な心理状態であることが共有されていったのです。

こうした反復夢に対してカウンセラーは，ホロニカル・アプローチの技法である能動的想像法の一つの，夢を使った「映画監督法」を実施します。〈もし夢の続きを映画監督になって，どんな展開でも創り出すことができるとしたら，この夢の続きをどのように展開させる？〉とＡに能動的な想像を求める方法です。しかしＡは，なかなか新しい物語の展開を想像することすらできません。ただひたすら悪夢と同じパターンしか浮かべることができず，顔を歪めるばかりでした。

そこでカウンセラーは，〈憤怒する少女が雨が降ると変身して，とても優しくなる〉とか，〈妖怪を小さくする光線銃を発明して使用する〉など新たな物語を例示します。するとしだいにＡも緊張が解けていくように顔が緩むとともに，夢の中で傷つけられる人々を守る警察官や男の子などのヒーローを登場させはじめ，みんなをしっかりと守り切るという物語を展開させるようになっていきます。そして，「映画監督法」の終了の頃には，とても

すっきりとした表情になるのでした。それ以降，Ａの悪夢は減っていきます。

面接期間中，Ａの現実の人間関係でも緩やかな変容が確認されていきました。誰の目にも明らかな変容は，Ａが面接前の頃と比較して，友人，母親，担任，スクールカウンセラー，主治医のいずれの人に対しても，自分の気づきや考えを自ら表出するようになっていったことでした。

Ａの内的世界と外的世界の変容は，常に縁起的に関係していたといえます。内的世界の変化は外的世界の変化に影響し，外的世界の変化は内的世界の変化に影響していたといえるのです。

もしＡへの個別対応が何等かの理由で困難な場合は，母親でも，担任でも構わないので，問題を感じている人自身の観察主体と観察対象の関係を丁寧に取り上げていくことからはじめればよいと考えています。すべてはホロニカル的につながっているので，とにかく，できることから取り組むことが最も大切と考えるわけです。

Ａを取り囲む重要人物の変容や生活環境の変化は，必ずＡにも影響します。すべてがホロニカル関係にあることを相談相手と共有さえできれば，Ａの変化はどこからでも可能といえるのです。

複雑系の科学では，自然がもつ自己相似的構造を「フラクタル構造」（今田高俊ほか，2001）として注目します。雪の結晶など，微少な部分と全体とが自己相似的な構造をもつことを意味する概念です。ホロニカル・アプローチでも，"こころ" の多層多次元にわたる観察主体と観察対象の関係をめぐるフラクタル構造に注目します。"こころ" がフラクタル構造をもっているがゆえに，"こころ" の局所的な変容は，良き変容であろうと悪しき変容であろうと，他の層や他の次元の変容にも影響し，いずれは全体の変容に至ると考えます。

Holonical Approach

第2章

"こころ"とは

"こころ"のホロニカル性について

心理学や臨床心理学が"こころ"を扱いながら，"こころ"そのものについて十二分な議論をしてこなかったという想いがあります。そこで反省の意を込め，"こころ"とは，「何か」について，改めて，いろいろな思想，哲学や新しい科学論などを踏まえながら考えてみたいと思います。

1 「絶対無」「空」でもある"こころ"

"こころ"を，どのようなものと考えるかは，実は千差万別です。物質的存在から独立した自我，精神，霊魂・霊性と考える人。身体と不可分なものと考える人。人間の意識活動と考える人。脳の作用と考える人。時代や歴史・文化によっても異なるのです。これらすべてについて言及することは困難ですが，次のように考えています。

「"こころ"は，個人内の現象であるとともに，個人内の現象に収まらない現象を含んでいる」

そして，「"こころ"は，森羅万象とともに，『絶対無』『空』という場から創造され，根源的には『絶対無』『空』でもある」と考えます。

"こころ"がどこにあるかと場所的に問われれば，「どこにも無い」としかいいようがないですが，私たちが何かを識別したり，考えたり，判断したり，何かを感じたりするところには，いつも必ず"こころ"の働きを実感していることだけは確かです。

個の"こころ"は，根源的には「絶対無」「空」という創造的世界から生み出された，何かを識別したり，考えたり，判断したり，何かを感じたりする時に必ず見いだされる現象といえます。どこ

かにあるものでないけれど，自己が世界と出あいながら生きる場において，"こころ"と呼びたくなるような現象を誰もが感じとっているのです。"こころ"は現象・作用であって，物質そのものだけではないといえます。

2 脳＝"こころ"ではない

脳＝"こころ"とする考えがありますが，果たしてそうでしょうか。脳は自己と世界の出あいの場所において生じるすべての出来事に反応する共鳴装置のようなものであり，物質でできた身体的自己の一部です。しかし脳は単なる情報の受動的処理のための効率的な機械的装置だけではありません。新しい情報を能動的に創りだす複雑な生きた高次生命システムでもあります。ここで留意すべきことは，脳が創造性や生命活動として働く場に，普段私たちは"こころ"の働きを感じとっているということです。この実感からわかるのは，"こころ"とは，心身一如的なものであり，物質でもなければ，物質以外のものでもなく，物質と精神（霊性を含む）と単純に二元論的に区別することができないものといえることなのです。

最先端の脳科学，情報科学の知識や心理学の智慧を集積することによって，脳と"こころ"の関係をより厳密に解明していくことはますます重要になるでしょう。しかしながら，脳＝"こころ"と現時点では，即断することは危険と思われます。

3 「絶対無」と"こころ"

現代物理学は，「無のゆらぎ」によるビッグバ

ンによって宇宙が創造されたと想定しています。「無」そのものについては,最先端の科学でもまだ解明されておらず謎のままですが,日本の哲学者の西田幾多郎の「絶対無」に相当すると考えています。「絶対無」とは,いかなる他者によっても否定されることがないものです。

もしそうだとすると,私たちの自己や"こころ"も根源的には「ゼロ」という「絶対無」から創造され,あたかも「有る」「在る」かのように識別され実感されているものということになります。

したがって,「絶対無」とは,何もないという「虚無」という意味ではなく,すべての現象を生み出すものという意味で理解されるべきと考えられています。「絶対無」に何らかの"ゆらぎ"がおきて,「絶対無」自身が自らを否定し森羅万象を創造したと考えられるのです。「絶対無」は,「絶対有」「相対無」「相対有」などあらゆる事象を創り出し,これらのすべてを包摂しているのです。

「絶対無」が森羅万象を創造するものであるならば,ではどこにあるかと問いたくなりますが,どこかに実体として「有る」とか,「無い」とかと識別することのできるようなものでないという意味と考えられます。それ自身ですべてを生み出す窮極的なものを言語でもって概念化しようとすると,「絶対無」と表記するしかないわけです。

「絶対無」が,「この世界」(絶対有)を創造し,"こころ"の相対有としての物質面と,相対無としての非物質面の現象を創り出しているのです。

したがって,「絶対無」から創造されたものという意味では,"こころ"は根源的には「絶対無」でもあるといえます。しかし私たちは,死を意識することもでもない限り,普段は「絶対無」としての"こころ"に気づくことはなく,通常は,"こころ"(相対無)を私という存在(相対有)が感じ取っていると考えられます。

4 「空」と"こころ"

「絶対無」は,仏教では「空」と一文字で表されます。般若心経の「色即是空」「空即是色」も,この世に有としてあるように見える形づくられた

もの(色)は,本来,何も実体などなく,あらゆるものが縁起的に絡み合って自ずと起こるべくして起きている現象と説きます。こうした世界観は,現代科学の最先端である量子論や複雑系の科学が描く世界観と同じようなイメージといえます。

"こころ"を含め,森羅万象は,「空(絶対無)」から立ち顕れてくる現象といえます。その意味では根源的には「一即多」,すなわち自己を含め万物は,「一」の関係にあるといえます。

「一即多」のような東洋の論理は,西洋の形式論理学で有名な「AはAである」(同一原理),「Aは非Aでない」(矛盾原理),「AはBであるか非Bであるかのいずれかである」(排中原理)に日頃慣れている人にとってはとても混乱し了解しにくく,まさに禅問答といえます。そこでもう少しだけ説明すると,ここでいう「一」とは,1,2,3,4……という時の「1」ではありません。むしろ1,2,3,4……とマクロの極限にまで向かってあらゆる現象を生み出し,かつ包摂しているものとしての「一」です。逆に向っても同じことです。ミクロの極限である「ゼロ」に向ってあらゆる現象を生み出し,かつ包摂しているものとしての「一」のことです。現代的な言い方をすれば,極限の宇宙のはてから,極限の量子の世界をつくりだし,それらのすべてを包摂するものである「絶対無」「空」が「一」と表現されているのです。

日本の禅文化を海外に広くしらしめた仏教学者の鈴木大拙は,西洋と東洋の考え方の相異を次のように説明します。「西洋では物が二つに分かれてからを基礎として考え進む。東洋はその反対で,二つに分かれぬさきから踏み出す。『物』といったが,これは『道』でもよし,『理』でもよし,『太極』でもよし,神性(でもよし,絶対『無』でも,絶対『一』でも『空』でもよい」(鈴木,1961)と語り,別のところでは「色即是空,空即是色」の境涯について,「自分はこれを,0 =∞,すなわち『零イコール無限』という。自分だけの数学の式である。『空』の世界をここに認得したい」(鈴木,1962)と述べます。

根源的には「0 =∞」の「一」としてあったも

Holonical Approach

のが,「多」の現象世界になって立ち顕れてくるのです。「一」が「多」となって,重々無尽の網目状の一つのネットワークを形成していると東洋的には考えるわけです。こうした極大のネットワークのことを,私たちは,「宇宙」とか「世界」と呼んでいるわけです。「宇宙」や「世界」は,絶対的に有るという意味で「絶対有」です。

ホロニカル・アプローチでは,「絶対無」「空」から生まれたという意味で,"こころ"は,「絶対無」「空」でもあり,多層多次元に多彩な顕れ方をするものでもあると捉えています。

5 "こころ"と「自己」と「世界」の関係

自己とは,「絶対無」「空」との「一」の関係が破れ,あたかも多的存在として立ち顕れてくる物質としての身体的自己（相対有）と,"こころ"（相対無）という相矛盾するものを同時にもつ本来的には心身一如的存在です。心身がしばしば不一致になるという意味で,「本来的には」と表現しています。

「絶対無」「空」の"ゆらぎ"が,森羅万象や"こころ"を含む自己を創り出しているのですから,本来,有限の個としての自己の"こころ"は,無限の「絶対無」「空」と,根源的には「一」の関係にあります。ところが,個としての自己の"こころ"は,「絶対無」「空」と「一」の関係にあるにも関わらず,自己が自己として存在しようとすると,自己以外を外的世界として自己から排除するため,「一」の関係が断絶します。しかし自己は,断絶してしまった外的世界との元来の「一」の関係を原点回帰的に希求し続けようとします。こうして自己は,世界との差異と境界の明確化を求めつつも自己内に世界を取り込み自己自身の内部秩序を絶えず変容させながら一体化も求めるという相矛盾した二面性をもつのです。

それだけではありません。自己の"こころ"は,自らが自己自身や世界にも働きかけ,できるだけ自己と一致するような新たな世界を創造しようとします。

また世界も世界と自己との不一致に対して,自己に世界との一致を迫りつつ,自己を世界自身に呑み込もうとします。もし世界が完全に自己を呑み込むと,それは自己にとっては個としての自己の死を意味します。自己の死は,自己の"こころ"にとっては根源的不安となりますが,個としての自己が世界と「一」となって,再びすべての事物を生み出す「絶対無」「空」になることでもあるのです。

こうした死の意味をめぐる根源的苦悩と悲哀から宗教や哲学が生まれたと考えられます。

6 「自己」と「世界」の不一致・一致

「絶対無」「空」から創造された自己と世界は本来もともと無境界であり「一」の関係にありますが,一方では,自己と世界の関係は不一致の関係ともなります。自己と世界の関係は,「不一致と一致の関係が同時にある関係」といえます。「対立・矛盾する関係」と「同一にある関係」が「同時にある関係」といえます。実際は,自己が自己の存在を実感・自覚した瞬間,自己と世界の「一」の関係は破れ,自己と世界の間には境界ができ,自己と世界に「二岐」するのです。しかし自己と世界が二岐した瞬間とは,自己が自己意識に目覚める瞬間でもあります。逆にいえば,自己が自己意識をもつ時は,自己と世界の「一」の関係が必ず破れ,自己と世界に「二岐」している時といえます。自己と世界が一致している時には,自己と世界の区別もないため,自己は,「無心」状態にあるといえます。

自己と世界の一致体験のことを,ホロニカル・アプローチでは,「ホロニカル体験」と概念化しています。ホロニカル体験は,事後的に気づく体験であって,無心時には,自己も世界もなく,「すべては,ただ,あるがままの状態」といえます。

7 「我（私）」について

「自我」と心理学で呼ぶ概念があります。デカルトのいう「我思う故に我在り」の「我」のことです。普段「私」と呼んでいるものに相当します。私たちは,「自我（我）」という存在があたかもいつも

本当に有るかのように思っています。しかし，仏教が「我」を「妄念」とするように，「自我（我）」が自我同一的な存在として「有る」かのように思うのは錯覚と考えられます。

「私」という自己意識は，むしろ生起したり消えたりと，非連続的な連続を絶えず繰り返しているものと考えられます。それにもかかわらず「私」というものが一貫して有るかのように思えるのは，パラパラ漫画で一コマ一コマとして描かれた人物が，本来は，非連続的関係であるにもかかわらず，一定以上の速度で次々に連続的にめくられていくと，そこにはあたかも同一空間の中で時間的に動いている同一人物であるかのように理解される現象と同じで，何らかの意識の統合作用が働くからといえます。

8 「我」と「自己」と「世界」の関係

「自我（我）」が有ると思っている人の中には，「私が身体的自己を動かしているという意識」を持ってしまっている人がいます。アルコール依存状態で，これ以上の飲酒が命にかかわると指摘されながら，「俺はもう好きなアルコールをやめる位なら死んでもいい」と豪語する人などは，その典型例です。彼らは，「私が身体的自己を持っている」と思い込んでいるのです。しかし，私が身体的自己を持っているとか，動かしているというのは錯覚です。当たり前であるがゆえに失念しがちになりますが，「私」「我」という自己意識に先立って身体的自己があり，身体的自己に先立って世界という場があるのです。世界という場を大切にし，世界の場の上にある身体的自己の命を大切にし，世界と身体的自己を大切にする私の意識が命の要といえるのです。

9 ホロニカル関係としての「自己」と「世界」

西田幾多郎は「絶対無」のことを，「人間は考える葦である」との名言で知られるフランスの哲学者のパスカル（1623-1662）の神の概念に刺激され，「絶対無の自覚的限定といふのは周辺なくして到る所が中心となる無限大の円と考へることがで

きる」（西田，1932）としました。西田の「絶対無」は，仏教の「空」に相当します。そこで，個としての自己を「中心点」とし，世界を「球」とすると，不一致と一致を繰り返す自己と世界の関係は，次のような関係にあるといえます。

「個としての一点（自己）を中心点として，それぞれの球（世界）が，点の数だけ無限にあり，無限の球（世界）の中には，無数の一点（各自己）がある」ということです。

このことを，"こころ"の視点から言い換えると，自己（個のこころ）という点（部分）には，世界という全体が包摂され，世界には，自己（個のこころ）という点（部分）が包摂されているというホロニカル関係にあることになります。

10 ホロニカルな"こころ"の世界

「ホロニカル」というキーワードは，華厳の説く，重々無尽の縁起の思想と相似的です。華厳が説くように，この世にあるすべての事物は，何ひとつとっても独立自存しているものなど一切なく，一切の現象が互いに対立せず，溶け合って融通無碍な「相即相入」関係にあり，極小の一のなかに無限大の一切の多が包摂され，無限大の一の中に極小一の多の一切が包摂されている「一即一切・一切即一」の関係にあるといえるのです。

Aという多の一は，Aという中に，他のB，C，D，E，F……というあらゆる他との関係性によって限定されながらも，B，C，D，E，F……との関係を包摂しながらもAとして振る舞い続けようとします。そして同じようにBという多の一は，BのなかにA，C，D，E，F……というあらゆる他との関係性によって限定されながらも，A，C，D，E，F……との関係を包摂しながらもBとして振る舞い続けようとします。AはAでないものとの関係性があってはじめてAとして振る舞うのです。決して，Aは他のB，C，D，E，F……と独立自存的に存在しているわけではないのです。

しかも，あらゆる他との関係性を包摂するなかでAとして振る舞うAは，同じようにあらゆる他

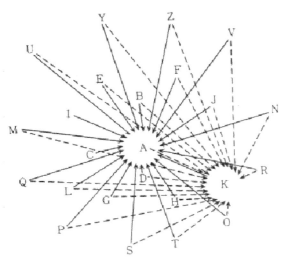

図1　井筒「事事無礙・理事無礙」より

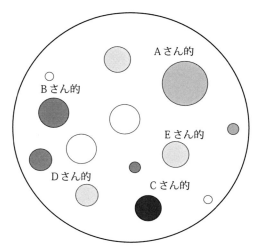

図2　私の"こころ"の中

との関係性を包摂するなかでB，C，D，E，F……として振る舞うB，C，D，E，F……との関係性を包摂しながらさらにAとして振る舞おうとします。そのことはBもまた同じです。こうして世界は，すべてが，お互いを映しあい，包摂しあいながら，顕在的には，A，B，C，D，E，F……からなる全一的世界を一瞬・一瞬創りあげているのです。Aにとって，B，C，D，E，F……に関係なく存在する世界などなく，また他と関係なく独立自存的に存在するAという固有の存在（自性）などどこにもないといえるのです。すべては，A，B，C，D，E，F……がお互いに重々無尽の縁起的関係の中で，Aという出来事，Bという出来事として生成消滅を一瞬・一瞬繰り返している無常の創造的世界といえるのです。

こうした部分と全体が相互包摂的関係にある無自性的存在を，「ホロニカル的存在」（後述）と概念化しています。

11　因陀羅網の比喩と"こころ"

すべてのホロニカル的存在が重々無尽に縁起的関係性の世界を作り出していることを説く世界観は，華厳哲学の因陀羅網の比喩に典型的に見られます。井筒俊彦は，華厳的世界を図1のようにして示しました（井筒，1985）。

竹村牧男は，こうした映し合う関係を，「二枚の鏡を向かい合わせて，そして互いに照らし合わせますと，無限に映し合います」（竹村，2002）と因陀羅網の比喩をさらにわかりやすく説明します。

小林道憲も複雑系の哲学の立場から華厳哲学の重々無尽の事象間相互作用を次のように説きます。「華厳哲学は，世界の流転を流転のままにとらえ，現実を生成と運動としてみる〈生成の哲学〉であり，万物を常に前進する生命として捉える〈生命哲学〉である。そして，それは，また，今日の複雑系の科学の認識しようとするところでもある」（小林，2007）。

また，心理療法の領域では，廣瀬幸市（2007）が，複雑系のパラダイムを取り上げながら，心理療法基礎論としての新しいパラダイムの構築を目指しています。この考えは，ホロニカル・アプローチと極めて親和性が高いといえます。

図2は，不登校状態にあった高校生の女性が，「クラスの女の子たちの個性と似た部分を自分も"こころ"の中にもっているような気がする」といって自ら描いたものです。灰色から黒の部分は，今の自分も同じようなものがあると思える部分。白の部分は，まだ自分では気づいてはいないかもしれないけど，どこかに同じようなものをもっていそうな部分」とのことです。

彼女の"こころ"の中には，Aさんに似た部分がもっとも強くあると言います。同じようにAさ

んほどではありませんが，Bさん，Cさんにも似た面があります。そして，今はあまり意識できていないけど，ひょっとしたら今自分が嫌っているDさんやEさんのような面が隠れているかもしれないし，自分自身が見ようとしていないだけかもしれず，いずれその存在に気づくようになるかもしれないと語りだすのです。そして新たな自分の部分に気づいた時には，DさんやEさんのことを今よりもっと受け入れられるようになっているかもしれないとまで語るのです。

面接当初の彼女にとって，自己と他者は独立した存在で，全く相容れないというイメージでしたから，この図は，こうした考え方の抜本的な変容を意味します。こうなると彼女にとって個性とは，お互いに潜在的に「一」なるものの多様な個性的顕れの差異に過ぎなくなっていきます。自・他関係は，お互いに「一即多」で「相即相入」な関係をもった縁起的包摂関係にあるという，ホロニカル関係の認識にシフトしています。華厳の因陀羅網の比喩の示す世界観そのものといえます。

この図を描きあげた後，この女性は断続的登校を再開しています。

12　言語と"こころ"

近代科学の影響もあって，私たち現代人の多くは，物，動・植物，人，自然，家族，社会，世界などについて考える時，基本的には，因果論的視点から全体を何かの要素に識別したり分析してから，分解した要素を改めて組み直すことによって全体の仕組みを描きだすという要素還元主義的思考の枠組みに慣れ切ってしまっています。

この時，事物を識別・分析する基準は言語によっています。言語があるので識別・分析が可能になっているのです。言語を使った識別や分析は，ほとんど無意識ともいえるほど直観的に行われています。

試みに，言語を一切使わずに自己や世界について，「ただ観察」してみてください。言語を一切使わずに，あるがままに事物を観察することは，実は至難の業です。慣れ親しんでいる言語を使わず

に，事物を「ただ観察」するとは，"こころ"の内・外にわたって次々と浮かび上がってくる現象の一切合切に対して，言葉を使って何も名を与えないことです。言葉や思考を一切停止することです。家や空に雲があることに気づいても，鳥が飛翔するのを見つけたとしても，言語でもって何も識別・分析せず，判断もせず，ただひたすら観察するのです。たとえ退屈を感じても「退屈」と言葉を与えないことなのです。「ただ観察」とは，無心の境地を求めて座禅をすることと同じです。実は，これがとても難しいのです。

しかし，言語でもって事物の一切を識別・分析したり，判断することを一切止めて，自己と世界をただひたすら観察していくと，融通無碍の重々無尽の自己と世界のホロニカルな世界が忽然と立ち顕れてきます。この瞬間は，観察主体と観察対象の関係は「一」となり，両者の関係は無境界になっています。観察主体が無我・無心状態となって観察対象と一つになった瞬間に，すべてが融通無碍に溶け合って，自己と世界が相即相入的なホロニカルな世界として開けてくるのです。すべてが，自己を含み，ただひたすらあるがままに一つとなるのです。

「我」（西洋思想でいう自我）が働く時は，むしろ観察主体の自己意識が強く働く時です。こうした我（自我）という自己意識が働く時は，自己と世界をめぐるあらゆる現象は観察対象となって，観察主体との関係が分断されます。したがって，我（自我）の意識が強く働く限り，自己と世界がホロニカル関係のうちに「一」となるような境位（ホロニカル体験）は生じません。観察主体と観察対象が「一」となってはじめてホロニカル体験が起きるといえます。

この悟りともいえるホロニカル体験は，瞑想の修行を長く積んだ人ならば持続可能かもしれませんが，多くの人では持続が難しい体験といえます。ただほとんどの人が，瞬間的なホロニカル体験ならいくらでも経験しています。ただ，あまりに瞬間的であったり，あまりに短い出来事であったために，こうした小さな悟りともいえる貴重な体験

Holonical Approach

は，ほとんど忘れられてしまっているか，あるいは無視されてしまっています。

13　量子力学と華厳の描く世界の相似性

　現代物理学者のカプラは，「20世紀の素粒子の研究は，物質のダイナミズムを暴きだした。素粒子は独立した実在として存在するのではなく，相互作用という不可分なネットワークの部分として存在するというのだ。相互作用は粒子の交換であり，間断なきエネルギーの流れをともなう。相互作用はダイナミックである。エネルギーの相(すがた)が絶え間なく変わる中で，粒子が生成と消滅を繰り返していく。粒子の相互作用は，物質を構成する安定した原子，分子をつくりあげるが，それもやはり静的ではなく，リズミカルに振動している。こうして万物が，宇宙が，永久に運動と躍動を続ける。まさにエネルギーのコズミック・ダンスである」(Capra, 1975)と，私たちを取り囲む世界が，量子レベルでは，一瞬・一瞬がハーモニーを奏でながら壮大なダンスを踊るようにつながっていることを明らかにしました。

　こうした最先端の量子力学が描きだした世界は，それまでの近代科学が描いてきた要素還元主義的な機械的世界観とは異なり，むしろ東洋の「空」「縁起」の思想が示す世界観と極めて類似しています。特に，華厳の「すべての宝玉同士がお互いに無限に映しあっている」と説く，「因陀羅網(いんだらもう)の比喩(ひゆ)」の描く光の荘厳の世界が，素粒子の波動性によるコズミック・ダンスの世界と酷似しているのです。

　しかしここで安易に東洋思想に基づく世界と最先端の物理科学が描く世界とは全く同じものだと判断するのは早計です。異なる次元で発見された智慧でもって別の次元のことをそのまま裏づけようとするのは，「カテゴリー・エラー」(Wilber, 1982)と呼ばれています。やはり次元の異なる類似現象の関係と意味が明らかになるまでは同じだと判断するのは，「脳＝"こころ"」だと断言することと同じで危険といえます。

　物質レベルと精神レベルの関係は，まだまだ未解明であり，次元の違いを無視すべきではありません。しかし，そうした限界を踏まえた上でも，量子力学が描く世界観と東洋思想に含まれる世界観には，近代科学の限界を乗り越えるための智慧が隠されているのではないかと直観している人々は筆者を含め相当数に上るのではないでしょうか。

14　ある要素に含まれる全体

　研究者はこれまで観察主体と観察対象の関係をできるだけ固定化することによって，観察対象の振る舞い方を研究してきました。観察主体を問題とする時でも，観察主体は主観的なものに左右されていないか，きちんと冷静・客観的な視座を確保できているか，といった観点から見直しが図られました。また，心理学では観察対象にしても知覚，認知，行動，感情……と切りわけながら観察されてきました。こうして分解された要素同士を再構成することで複雑な"こころ"の振る舞いを研究してきたといえます。しかし残念ながら細分化された"こころ"の断片をいくら組み合わせても"こころ"の全体にも人生にもならないのです。

　しかし，ホロニカル・アプローチの立場は，要素還元主義と異なり，仮に行動ひとつを観察対象として取り上げたとしても，行動には，認知の影響も含まれるし，感情の影響も含まれるし，"こころ"の多層多次元にわたる現象の影響も含まれると考えます。行動，認知も感情もホロニカル的存在といえるのです。そのため"こころ"の多彩な顕れから認知というひとつの側面を観察対象として切り取ったとしても，顕在化している認知という現象には他の側面との関係性が潜在的に含まれているのです。このことは，感情という側面をひとつ切り分けて観察対象としたところで同じです。本来，あらゆる出来事が重々無尽に絡み合いながら包摂されているため，ある要素を完全なる独立変数として扱うことはできず，部分が全体を包摂し，その全体が部分を包摂するというホロニカル関係にあるのです。"こころ"を一要素に分解・分析して扱うこと自体に無理があり，あらゆる要素は重々無尽の"こころ"を創りだしているホロニ

Holonical Approach

カル的存在として扱うことが大切と考えるのです。

心理力動的アプローチ（精神分析）と行動論的アプローチ（行動療法）の統合の可能性を追求するワクテルも，「心理学実験においては自明のものである独立変数と従属変数の明確な区分も，現実生活上の出来事には適用できない」（Wachtel, 1997）と指摘しています。

"こころ"を扱う時は，物質を対象にして客観的な普遍的法則を探究してきた近代科学とは異なり，"こころ"を対象とするため，研究対象を研究者自身から切り離して客観化し，普遍的な法則を得ることが難しいのです。特に心的支援では，支援者が異なれば，被支援者の苦悩や問題のとらえ方が異なり，そのアプローチさえも異なってくるというやっかいな問題が横たわっているのです。

15 観察主体と観察対象の関係の不確定性

自然科学を中心とする近代科学は，17世紀に登場したデカルトの物質と精神を区別した二元論によって支えられ，それまで神によって創造されてきたと説明されてきた世界は，観察者（主観）と観察対象（客観）を正しく切り分けることさえできれば，世界は因果論的な決定論ですべて説明できるとされました。しかし，近代科学は，20世紀に入って大きく揺り動かされます。しかも震源地は近代科学の原点である物理学から生じたのです。

まずアインシュタインの相対性理論は，時間と空間は相互に独立しておらず，「時空」という四次元連続体を構成することを明らかにしました。近代科学は絶対的な時間と空間という前提の下で因果論的な普遍法則を語っていたため枠組みそのものが怪しくなったのです。

しかも，ドイツの理論物理学者で量子力学に貢献をしたハイゼンベルクは，「不確定性原理」の中で，ある素粒子の位置と運動量を測定する時，この2つの正確な値を同時に測定することができず，運動量を測定しようとすれば粒子は明確な位置をもたなくなり，位置を測定しようとすると粒子は明確な運動量をもたなくなることを明らかにしました（Heisenberg, 1971）。観察結果は，観察し

ようとする手続きによって，粒子のようにもなったり，波動のようにも振る舞うことになるというような二面的性質をもったものとして記述されることになったのです。量子論の世界では，観察するものとされるものを分離・独立して扱うことができず，すべてが相対論的，確率論的にしか説明できないことになったのです。観察するものが観察される世界の外部にいるのではなく，観察される世界にある限り，観察するものの行為が，観察される世界に影響することを排除できないことを自然科学の世界で明らかにしたのです。

ホロニカル・アプローチでは，心理・社会的支援でも，観察するものと観察されるものとの関係性は不確定だと考えています。特に支援の現場では，支援をしようとする人が，問題を抱えているとされている人のどんな側面に，どのように焦点化しようとするかで，人が異なるだけ異なる見解が生まれるのが現実と理解します。そして，見解の差異は対応法の違いにもなるということが日常茶飯事とそのまま受け止めます。誰もが，観察するものを観察対象の外の世界にいる傍観者となることは事実上不可能と考えるわけです。

そこでこうした難問に対応するため，ホロニカル・アプローチは，観察主体と観察対象の関係を俯瞰する観察主体の影響を含んで，さらに自由無礙に俯瞰することで，どのような俯瞰的枠組みを構築すると，より観察主体と観察対象（自己および世界）が一致し，より生きやすい人生の道を発見・創造することができるかを，当事者とともに模索するという姿勢をとることになりました。

Holonical Approach

第3章

新しいパラダイム

ホロニカル・パラダイム

---

1 「自由無碍の俯瞰」による自己と
世界の「ホロニカル関係」の実感と自覚

　ホロニカル・アポローチでは，観察主体と観察対象の関係を含んで観察することを「俯瞰」と呼びます。

　通常，人は観察主体か観察対象のいずれかしか意識化しません。そのため，もしも生きづらさをめぐって観察主体と観察対象の関係が，何らかの悪循環パターンを繰り返していても，なかなか自力では負のスパイラルから抜け出せなくなります。

　こうした時，「観察主体と観察対象との不一致・一致そのものの関係」を「新たな適切な俯瞰的枠組み」から自由無碍に「俯瞰」する場をもつことが重要と考えます。

　「観察主体と観察対象との不一致」とは，自己と世界のホロニカル関係（縁起的包摂関係）を体感できず，「自己と世界の間に矛盾・対立などのズレがある状態」のことです。それに対して，「観察主体と観察対象との一致」とは，「自己と世界のホロニカル関係を体感している状態」のことです。人は，一度，不一致に執着してしまうと悪循環パターンとして固定化させてしまい，自力では負のスパイラルから抜け出れなくなるのです。それだけに自己と世界のホロニカル関係の実感・自覚を促すことができるような「新たな適切な俯瞰的枠組み」が大切になるのです。

　また俯瞰といっても，自己と世界の関係の全てを感知し尽くすことは不可能です。しかしながら，新たな俯瞰的視点に立てれば，人は，自己と世界

の一致に向かって，自己の意識を拡大し深めていくことは可能です。

　俯瞰というと，一般的には鳥瞰図的俯瞰をイメージする場合が多いのですが，ホロニカル・アプローチでいう俯瞰とは，極小のミクロの無限の点の視座から，極大のマクロの無限の球まで含む視座まで自由無碍に対象を観察することを指します。

　自由無碍の俯瞰＝無限の俯瞰です。

　ミクロからマクロにわたる自由無碍の俯瞰によって自己と世界が縁起的なホロニカル関係にあることの実感と自覚が，自己の自己自身による自発自展な自己組織化をもたらします。

　自己組織化とは，自己と世界の関係が，より一致に向かって自己自らが，混沌状態から複雑な構造に向かって自律的に変容していくことです。

　しかし自己組織化は，苦悩があると停滞・退行してしまいます。通常，自己組織化の停滞・退行状態では，自己と世界の関係をめぐって，観察主体と観察対象の間で変容なき堂々めぐりを繰り返しています。特に頑固な悪循環の場合は，"こころ"の多層多次元にわたって，むしろ次々と変容なき固定的悪循環パターン（フラクタル構造）を形成していきます。

　人は，安全で安心できる新たな俯瞰的枠組みの場を得てはじめて，自らのこころの内・外における悪循環パターンから抜け出し，これまでの自己および世界との関係を見直したり，新しい自己の自己組織化が可能になると考えられるのです。

2 場に即した相談体制や面接構造の構築

Holonical Approach

既存の心理相談（カウンセリング，心理療法を含む）の理論や技法は，主に心的問題・心的症状を抱える個人や家族等に対して，できるだけ日常の喧噪から離れ，じっくりと自らが内的世界と向きあうことが可能となるような面接室（大学や病院，開業等）でのやりとりを地道に研究するなかで培われてきました。

しかしながら，福祉・保健・学校領域など不定期でかつ臨機応変な対応を必要とするような支援や相談では訪問活動も多く，しかも地域関係者との間で錯綜する情報が飛び交う場では，非日常的場で培われた内的世界中心の理論や技法をそのまま応用することには困難が伴います。

また家庭や地域社会で孤立無援化している個人や危機家族の多くは，内的世界を，分析，洞察や内省することが困難な脆弱性を"こころ"の内・外の現実として抱えています。

脆弱性を抱えた人たちは，残念ながら自ら相談機関や病院・大学に積極的に足を運ぶことも少なく，たとえ足を運んでも数回で断念してしまう傾向にあります。もしも長期にわたって通院や通所ができても，現実的な生活状況には何ら変化がない人の数は相当数にのぼると思われます。

そこで脆弱性を抱える人たちには，何らかの形で，今の生活の場が少しでもよりよい場に変容するか，あるいはより適切な場に脱出可能とするような「生き直しを支える場の確保」が必要となります。外的世界の変容を伴わない内的世界の苦悩に対する共感と支持だけでは，当然のこととして限界があるわけです。

内界中心型の心理療法などでは，カウンセラーやセラピストと称する立場の人が，苦悩を抱える人の内的世界を深く理解していくことを重視してきました。そして深い理解のためには面接の構造化が基本とされてきました。「面接は基本的に，物理的な場を一定に設定し，時間，セッション間隔，料金，時に期間といった枠組みを相互が受け入れ，契約することを前提としている。これは治療的面接の場合を典型とする基本枠である」（心理臨床大辞典．1992）という考え方です。

しかしながら，こうした治療的面接構造は，苦悩を抱える人が専門家のいるところに出向くことを前提とし，生活の場そのものまで治療対象にすることは稀です。

特に地域や家庭での場で活動することが多い福祉・保健や学校領域などでは，従前の治療構造論を標準とするパラダイム自体が実態と合わず，その応用すら困難です。

複雑な要素が絡み合ってくる家庭，施設，学校や地域社会など生活の場における支援では，もっと柔軟で臨機応変な独自の相談体制と面接構造をつくりあげていくことがむしろ肝要となるのです。

精神療法や心理治療など狭義の治療的色彩の強い心理療法を教える大学等の教育機関では，一般的に治療的面接のための面接構造論を基本として教えます。それはそれで医療領域など治療的面接を必要とする場では重要な概念であることには変わりがないといえます。

ところが，実は場やニーズが違えば異なるパラダイムやモデルの構築が必要となります。しかし，こうした実態を十二分に理解していない専門家も沢山います。定期面接型の面接構造の維持が，心理治療上基本と思い込んでしまっている人たちにあっては，「定期的な面接構造のしっかりとした本格的心理治療ができなくて可哀想」とか，「それは心理臨床でなくてソーシャルワークですね」と揶揄します。福祉領域の相談活動や心理療法を含む心理・社会的支援では，堅固な治療構造をもたず非臨床的というわけです。医療以外の領域での支援は，いかにも，浅く，非構造的で，駄目だという批判的トーンなのです。

しかし，それはまったくの誤解といえます。それでも最近は，面接室や診察室だけにこだわってきた治療から，「アウトリーチ」「リエゾン」「チーム医療」を重視する流れも起きてきて，しだいに伝統的な標準型に対する変化が起きはじめてきています。しかし，そうした潮流も基本には個人の内的世界を扱う必要性から出てきた外界調整の視点にとどまります。あくまで内的世界を中心に扱うために必要となる外的世界という視点といえま

Holonical Approach

す。

　筆者は開業臨床心理士として，心理相談に携わっています。開業心理相談のように，日常の生活の場から離れ，自己と向き合っていく心理相談室ではこれまで言われてきた面接構造の維持が確かに重要です。しかしながら，筆者のように既存の心理理論や技法に特化した集客を一切行わず，「治療ではなく心理相談」と立場を明確にした心理相談機関には，幅広いニーズを抱えたさまざまな人々が訪れます。こうした人たちに対応しようとすればするほど，内的世界中心の心理面接だけでは対応困難な事例が年々増加しています。その結果，筆者の開業での心理相談では，福祉領域や学校領域で培われてきたノウハウの方がむしろ有効となっています。その重要コンセプトの一つが，「内的世界と外的世界を共に扱う」ということです。この「内的世界と外的世界を共に扱う」というコンセプトは，福祉・保健・学校・産業領域など，生活や地域などの日常の生活現場に近づけば近づくほど重要性が高まります。恐らく今後の開業の心理相談も特定の理論と技法による心理治療を志向せず，クライエントの多様なニーズに対応しようとするならば，「内的世界と外的世界を共に扱う力」をもたないと運営はたちまち立ちゆかなくなると思われます。

　「内的世界と外的世界を共に扱う」ホロニカル・アプローチでは，「心理相談や心理的支援の現場の相談体制や支援体制ごとに面接構造は異なる」と考えます。

　スクールカウンセリングなどでは，地域文化・風土，産業構造，学校組織や学校文化などの差異が学校での相談体制の差異となり，その差異が相談体制にも影響を与えます。また，相談体制づくりは教職員が中心で，カウンセラーは心理検査ばかりに徹しているところがあれば，相談体制づくりから面接構造づくりに至るまで，教職員とカウンセラーがチームをつくり積極的にコラボレーションしているところまで実に多様なのが実態です。しかしいずれの場合も地域の実態に即して，「適切にコーディネートされた器は，混乱し断片化した

ままの児童・生徒の内的世界に，一定の秩序化と統合化の方向性を与え安定化をもたらす」（定森，2005）といえるのです。

　さらに児童相談所，市町村の家庭児童相談室，保健所などでの，家庭訪問や地域コミュニティ・アプローチも必要となる領域では，相談の場や相談体制そのものが，地域の実情や生活の実態に即して日常性と非日常性が交錯するような生活臨床型の性格を帯びるため，従前の内界中心や治療面接を基本とした治療構造論では，現場のニーズと乖離します。

　千賀則史も著書『子ども虐待；家族再統合に向けた心理的支援』の中で，児童相談所のような複雑な要素が絡み合い，かつ多職種連携が必須の現場では，新しい心理的支援のモデルを構築する必要があることを提唱しています。千賀則史は，当事者である家族と地域関係者が協働しながら，子ども虐待への家族再統合に至った実践事例とその意味を基礎づけながら，「家族をミクロ・メゾ・エクソ・マクロ」という多層なレベルから支援するためには，「柔軟な相談構造の構築」「多次元多層的見立て」「ホールディングの環境整備」など，家族再統合に向けた協働的な心理的支援が心理職の役割として大切と指摘しています（千賀，2017）。

　心理相談や心的支援の現場の実情を考慮する時，面接構造とは，基本形があってそれを領域や分野別に応用するという従前の発想から抜け出て，むしろ，領域，分野の違いに応じて，適切な支援体制を構築しながら支援体制にあった相談構造をその都度その都度創造し続けていくという発想へと転換していく必要があるといえます。

　また相談や支援対象の考え方も相談内容ごとにオーダーメイド的な多様な対応が必要となります。

　家族と関係者が合同で面接するのがよいのか，それとも関係者との情報交流の方がよいのかなど，支援者の置かれている立場やケースの状況の実態に応じた支援体制と相談構造を構築していくことが重要といえます。しかしながら現況は，相談をしたい人が支援者の理論，技法や力量にあわせているのが実態です。そのため家族合同面接の方が

より変容が見込める事例であっても，支援者の方が家族療法や対応技術を身につけていないがために，ひたすら親子並行面接や個別面接を続けている例はかなりの数になると思われます。

また現場によっては，個別対応よりも適切な場づくりにエネルギーを注いでいった方が，より効果的な場合があります。特に，問題を次々と生み出す会社や学校の場合などは，個別対応の中に含まれる場の問題をはっきりさせながら，場自体の変容に迫っていく覚悟が求められます。

支援に携わる人は，古いパラダイムに囚われることなく，常に支援現場の実態にあった実践の論理や技術を自ら創造していく姿勢が求められているのです。

3　観察主体と観察対象の関係への注目

ホロニカル・アプローチの立場からすれば，"こころ"に関する既存の理論や技法の差異は観察主体と観察対象の関係性の差異として統一的に見直せば，場の状況に応じて自在に扱うことが可能になります。

どの理論や技法が有効なのかを比較検討することよりも，どのような現象には，どのような観察主体からどのような対象を観察対象としてどのようにアプローチすることが有効なのかという観点から見直すべきと考えているのです。各種理論や技法も，多層多次元なこころの現象に対して，それぞれ，それなりに有効なアプローチとして扱うことができると考えているのです。

多彩な"こころ"の現象の中から，どのような現象を対象として"こころ"について研究するかといったこと自体が多様なのです。例えば，行動，認知・思考，記憶，情動・感情，体験プロセス，欲求，願望，空想，ファンタジー，イメージ，夢，トラウマ，対人関係，家族，集団，コミュニティ，システム，環境，高次な精神活動といったようにおもだった観察対象が異なっているのです。したがって，"こころ"の多彩な顕れの中で一体何に注目するかの微妙な違いによって，精神分析，夢分析，イメージ療法，芸術療法，遊戯療法，認知・

行動療法，森田療法，内観療法，ゲシュタルト療法，集団療法，家族療法，解決志向型アプローチ，EMDR，ナラティブ・セラピー，プロセス指向心理学，トランスパーソナル心理学，地域コミュニティー・アプローチ……など，さまざまな理論や技法が生み出されてきたのです。

多様な心理療法や技法は，それぞれそれなりの効果を示しますが，不用意にあれもこれもと異なる心理療法に同時に飛びついたりしていると，心的混乱を起こすことがあります。心理療法が異なる時，"こころ"そのもののとらえ方が心理療法によって微妙に異なるからです。"こころ"のとらえ方が異なる心理療法の併用は，あたかも異なる宗教を同時に信仰しようとして「魂の危機」（Grof & Grof, 1990）に陥ることに匹敵する危険があるのです。

ホロニカル・アプローチでは，観察するものと観察されるものとの間に不確定性原理が働くと考えます。今，観察しようとする者（被支援者および支援者）が，何に焦点化しようとするかで，観察対象の振る舞いまでもが変化してしまうのです。また，そもそも観察しようとする観察主体が，いかなる特徴をもっているかによっても，観察対象に発見されるものが異なってきます。理論や技法が多数存在する理由もこうした要因が絡んでいるわけです。

しかし，それでは自己と世界の理解，内省，洞察や分析に基づく支援活動は身動きできなくなってしまいます。そこで，この難問に対応するためにホロニカル・アプローチでは，一定の限界を前提としつつも，今，ある時に，いかなる観察主体から，いかなる対象をどのように見ようとしているか自体をまた新たな観察主体から自由無碍に俯瞰するという方法で対処します。

そのために観察主体と観察対象という心的構造の特徴を，ホロニカル・アプローチの概念である「自己」「内我」「外我」「ホロニカル主体（理）」などの概念を使って明らかにしていきます。また外我と内我の関係も発達段階ごとに，さらに細かく分類していきます。概略は，別の章の「発達論的

見立て」で説明しますが，詳細は，拙書の「ホロニカル・セラピー」（定森，2015）を参照ください。

生きづらさを抱える人は，自己と世界との関係の不一致の拡大化に伴って，"こころ"の多層多次元なレベルにわたって同型反復的で執ような悪循環パターン（フラクタル構造）をもっています。こうした悪循環パターンは，観察主体と観察対象の関係をめぐる悪循環パターンとなって顕在化します。また，観察主体そのものが不適切であることも悪循環パターンを引き起こす要因となります。

しかしこうした自己と世界との関係の悪循環パターンでも，適切な観察主体から悪循環の変容を促進できるような場を得れば，誰でも主体的に適切な自己の自己組織化を促進することができます。

適切な観察主体とは，自己と世界との一致を促進するような新たな観察主体といえます。そして自己と世界の一致を促進するような新たな観察主体とは，結局，これまでの観察主体と観察対象との一致を促進するような自由無碍な俯瞰を可能とする新たな観察主体となるわけです。

ホロニカル・アプローチでは，新たな適切な俯瞰的枠組みを得れば，観察主体と観察対象（自己および世界）との不一致・一致の直接体験を基盤に，自己と世界が一致する方向に適切な自己組織化が促進されると考えます。

その結果が，自ずと新しい生き方の発見・創造につながるのです。

4 「意識の立場」から「場の立場」へ

ホロニカル・アプローチでは，これまでの「意識の立場」の心理学を，「場」の立場からの心理学に再統合していきます。

「場」とは，意識と無意識を含むばかりでなく，面接の場，生活の場のすべてを含みます。また生命世界の場ばかりではなく，物質世界の場を含む万物が生成消滅してくるところが場です。宇宙，物質，生命，社会……などのあらゆる現象が生起し消滅していくところが場です。

自己と世界の出あいによる直接体験は，場の微妙な変化の影響をうけます。そして観察主体は，場の"ゆらぎ"の影響をうける自己の直接体験と自己自身を含んでいる世界という場を自己再帰的に再び観察対象とします。

自己の主体性とは，場に関係なく自己の内にあるようなものではなく，場において自己外のすべてとの関係性の中でその都度その都度生まれてくるものといえます。また，ある同じ言動や行為をとったとしても，場が異なれば，その社会的文脈が異なり，言動や行為のもたらす意味はまったく異なってしまいます。

おじぎをする習慣の根強い日本人の政治家が，外交交渉の場面で頻繁におじぎをするとあたかも服従を意味するように受け取られる危険があります。ゲップをマナー批判と日本では考えますが，民族によっては食事に満足したという意味で好意的に受けとるそうです。すべての言動は，社会的文脈や場の限定を考慮していかないと，場違いの行為となってしまうのです。

また同じ場に居ながらもそれぞれの自己は，場の受け取り方がそれぞれ異なるのです。それぞれの人がそれぞれの受け取り方の思考の枠組み（後述のホロニカル主体：理）をもっているためです。対人トラブルの多くはこうして起きます。

こうしたトラブルを少なくするためには，それぞれが見て感じたそれぞれの世界が異なっていることを認めた上で，それぞれが自らの自己に他者を映し取りながら，共有可能なところを求めて対話をすすめていくという共同作業が必要になるのです。異なる価値や思考の枠組みに触れることによって，自己の限界を実感・自覚し，また新たな自己を自己組織化していくよき契機とすることが大切なのです。差異を楽しむ感覚を培うことがポイントです。

自己と他者との関係も場を共有している限り，お互いがまったく独立自存していることはありません。必ず場において，自己の振る舞いと他者の振る舞いが知らずのうちに相互に絡み合い，かつお互いを映しあいながら，新たな場を造りあっていきます。だからこそ，たとえ異なる意見をもっ

て傷つけ合ってしまった者同士であっても，同じ場を共有し，何らかの具体的共同作業を根気よく繰り返していけば，信頼関係や共感的関係が自ずと創発され，その心地よさの中で，共有可能な感覚と言葉が明らかになり，場合によっては，共有可能な新しい価値すら創造することができるのです。適切な支援の場とは，まさにそうした共同作業が可能な場といえます。信頼も共感も，しようとしてできるものではなく，共同作業を共にする中で自ずと生まれるものなのです。

　自己が場自体と場の中の直接体験をどのように観察するかで，刻々精妙に変化していく，"こころ"の多様な現象が起きているのです。「自己と世界の触れあいの直接体験には，空間的時間的に生起する場の現象のすべてが包摂されているとともに，直接体験を実感・自覚する自己自身も場によって包摂されている」のです。

　自己と世界の関係を実感することなき自己は，考え出された自己であって実際には存在していません。「自己は世界内存在として，場を直接体験を通じて実感・自覚する存在として確かに実存している」のです。したがって，「自己と世界の出あいの直接体験」が自己の適切な自己組織化を図るためのもっとも確かな自己照合の手がかりになるのです。

　「個人あって経験あるのではなく，経験あって個人あるのである」（西田，1911）の言葉がありますが，経験を直接体験，個人を自我とすると，これまでの自我中心の心理学を，直接体験の立場から見直していくと，次に自己と世界の出あいの現象の起きるところとしての「場」がクローズアップされてくるわけです。

　場に包摂され，場を包含していく直接体験を，自己がどのような観察主体からどのように観察しようとするかの違いによって，さまざまな"こころ"にまつわる現象が立ち顕れてくるわけです。

　現代物理学でも場を重視しています。「場の量子論では，場は量子の形をとって現われてくる。ミクロの世界で，粒子が現われたり消えたりしているのは，場の運動の姿である。場が局所的に凝縮

した軌跡が，粒子である。ここでは，物質は場の産出物である。場は，物理学的諸関係の総体を表現し，そこから，その個々の部分や粒子を分離することはできない。物質が存在するということと，場とは切り離すことができない。宇宙は絶え間なく活動している場であり，この根源的場が一時的にとる様相が物質なのである」（小林，2007）

　「今・この瞬間」が場です。過去を含み，未来が開かれてくる今・この瞬間・瞬間にすべての現象が生成消滅するところが場です。

　意識の立場というものは，案外マクロでものをみている世界といえます。ニュートン力学的に自己や世界を観察している立場といえます。意識の立場からは，それぞれ固有の本質をもっていてそれぞれを識別できる個物同士が集まって世界をつくりあげているかのように見えます。しかし古来言われているようにあらゆるものは変化し，なにひとつとして実体が普遍的にあるものなどはないといえます。「無自性」であり，「無常」の世界といえるのです。

　マクロレベルでは独立自存しているかのように思える個物同士も，量子力学の描くミクロの世界では，瞬間・瞬間，粒子と波動の二面性をもった量子が，コズミックダンスを踊りながら生成消滅を繰り返している世界というイメージになります。

　あらゆる現象が立ちあわれてくる窮極の場とは，「絶対無」「空」です。場の立場からすると，「"こころ"とは，絶対無から刻々と変化する自己と世界との関係をめぐって，さまざまに立ち顕れてくる現象」といえます。自己と世界は，絶対無においては「一」の関係にあります。「一」の関係とは，あるゆる気分が初動する寸前で自己には自己も世界もすべてがまだ何も意識されていない「未発動状態」であり，「意識と存在の0ポイント」（井筒，1993）ということです。

　そして，もともと「一」だった絶対無（意識と存在の0ポイント）から立ち顕れた自己と世界は，自己が自己自身を意識した途端，自己と世界の「一」の関係は破れ，不一致と一致を繰り返しながら両者の一致を求めて自発自展的に自己組織

Holonical Approach

化を繰り返していきます。

これまでの心理学者は，個の内的世界をもっぱら研究対象としてきました。内的世界を扱うとは，内的世界を内省したり，洞察したり，分析するという意味では，個の意識を中心とする観察主体の立場からの心理学といえます。観察対象として，無意識，イメージ，体験プロセス……など扱うことはあったとしても，観察主体である意識が，観察対象である内的世界を扱うという構図であることには何ら変わりがなかったといえます。

しかし観察主体の志向性は，内的世界ばかりとは限りません。外的世界を志向する場合もありえます。家族関係，人間関係や社会システムのパターンなどを観察対象とする場合がそうした志向性にあるといえます。しかし，その場合でも観察主体の観察対象は内的志向から外的志向に視点が転換されているとはいえ，観察主体の意識中心の立場には何ら変化はなかったといえます。

またエビデンス論とともに注目されだしている認知・行動療法は，観察主体が内在している認知や行動を観察対象として，適切な観察主体から見直すという意味で捉えるならば，やはり意識中心の心理学といえます。このようにこれまでの心理学は，結果的には意識の立場から構築されてきたといえるのです。

観察主体と観察対象の関係は，コミュニケーションの次元では，主語と述語の関係に比喩的に言い換えることができます。この比喩で表現するならば，これまでの心理学は主語的立場から述語を語る心理学といえます。それに対して，ホロニカル・アプローチの立場は，述語の立場からの主語的立場を含んで考える心理学といえます。180度転換される立場から心理学を再構築しようとしているといえます。

述語とは，自己と世界の遭遇によって生成消滅を繰り返しているあらゆる現象を観察主体が語る時の表現のすべてといえます。すなわち絶対無（意識と存在の0ポイント）から立ち顕れる自己と世界の出あいの不一致・一致の無限の直接体験が「述語となるもの」といえます。観察主体が主語で

あり，観察対象となる直接体験が述語になるものと言い換えることができます。主語的観察主体が，本来，絶対無（意識と存在の0ポイント）という場から立ち顕れる現象を内的世界や外的世界の出来事として述語的に意識しているわけです。

自己にとって場とは，自己と世界が，不一致・一致を繰り返しながら直接体験が起きてくるところといえます。この場を意識野とするところに"こころ"の現象を私たちは実感していることになるわけです。

自己における意識の中心的活動の中心を，心理学では，「自我」と概念化しています。

しかし，ホロニカル・アプローチでは，「自我（我）」というものは，普遍的な本質をもつような実体のあるようなものとは考えません。むしろ，自己と世界の出あいの直接体験を実感・自覚する作用として，実感・自覚の度に点滅的に生成される作用と考えています。

自己と世界が「一」の時には，我（自我）が何かを意識することはなく，自己と世界は直接体験そのままにある状態といえます。むしろ我（自我）と呼ばれる心的作用は，自己と世界が不一致となった刹那に不一致を実感・直覚する意識作用として出現すると考えられるのです。

自己と世界の出あいの直接体験には，空間的にも時間的にも生起する現象のすべてが包摂されていくとともに，そうした直接体験そのものが生活の場によって包摂され，生活の場は世界という場によってさらに包摂され，世界という場は，絶対無という場によって最終的に包摂されていると考えられるのです。

場によって幾重にも包摂される自己は，自己と世界の不一致・一致の直接体験を通じて，できるだけ生活の場との一致，世界との一致，窮極的には絶対無との一致を求めて，自己の内に必要な生活や世界を包摂していこうとしているわけです。

なお，廣瀬幸市は，生命現象を科学の言語で表現することを試みてきた清水博の場の理論である「即興劇（共創モデル）」，西田幾多郎の「絶対無の場所」，井筒俊彦の「意味分析論」，さらに複雑

系の科学に関する文献を丁寧に論考して行く中で，「場所的心理療法モデル」（廣瀬, 2005, 2007）を構築しようと精力的な研究活動をしています。筆者と極めて類似する観点から心理療法の基礎論や原論ともいえるモデルを提唱しようと試みていると言えます。

〈事例2〉
　個への心理的支援からスタートした支援が，結果的に場作りの支援になっていった事例があります。場の圧倒的力を示す事例です。
　1990年頃のある小さな町の3歳のE君とその兄の5歳のF君の事例です。兄弟は，中度の精神発達遅滞という知的障害を抱えていました。
　小さな町には，当時，治療教育の施設も知的障害児に対応できる病院も何もありませんでした。ある時，障害児の親の会の代表者と町役場の人から，E君とF君が座敷牢に入れられているので，今度の療育手帳（知的障害児に都道府県知事が発行する手帳のこと）の再判定（知的障害の程度を更新のために判定すること）の時に，是非，親に子どもたちを座敷牢から解放するように説得して欲しいという依頼が児童相談所の心理判定員（現在，児童心理司と改名）にありました。
　心理検査の会場は町の公民館の大広間（和室）です。再判定は心理判定員が主に知能検査を実施することによって判定されます。会場には，児童相談所の児童福祉司，役場の担当者，家庭相談員，親の会の代表者がいます。
　そこに親子3人が時間より少し早めにやってきました。まず目に飛び込んできたのは，E君とF君を無理矢理引っ張りながら髪を振り乱しやってくる母親の姿でした。
　母親は荒々しい声をあげながらE君とF君を心理判定員のところに連れてこようとします。その姿に思わず親の会の代表者の女性が，「お子さんが可哀想だから手を離してあげてください」と声をかけます。すると「だめ，何をするかわからないから」と必死に母親が叫びます。それを見た役場の男性職員が，やさしく「大丈夫だからこれだけ

人がいるから」と声をかけます。それでも母親は「絶対無理」とまったく手を放そうとしません。そこに家庭相談員の女性が「大丈夫，信頼して，私たちがいるから……」といいますが，「ダメダメ」と叫ぶばかりです。
　しだいにみんなが，このままでは検査もできないですよねと暗に母親に手を放す指示をすることを期待するような雰囲気になってきたため，心理判定員もついに〈これだけの人がいるし，このままでは知能検査もできないので〉と母親に手を放すことを求めます。すると母親は「もう知らないから」と吐き捨てるようにつぶやいた後，2人の手を放します。すると数秒後には，2人は部屋中を走り回りながら，ふすまから障子に至るまで一気に破りまくってしまったのです。
　心理判定員にとっては，E君とF君との忘れることのない出会いでした。
　母親は「ほら」といったのち，疲れ切った表情をしながら，「弁償しますから……」とつぶやきました。
　母親の辛い心中を思った心理判定員は，ひたすらあやまりました。会場にいた誰もが，母親が悪意をもって座敷牢に閉じ込めようとしているのでなく，閉じ込めるしかないほど日々の家庭生活が大変であることを，一瞬にして思い知らされたのでした。
　当時この町の乳幼児期の重度・中度レベルの障害児にとっては，療育施設もなく，保育園・幼稚園も障害児の入園を拒否していたため，どこにも通うところなどありませんでした。専門病院は3時間ほどかかる遠方にあり，母親が連れていくことは事実上不可能でした。そのためE君とF君にとっては，病院や療育施設どころか，その日が何年ぶりかの外出だったのです。
　この町には，療育手帳の交付状況から洗い出してみると学齢前の障害児を抱え込み地域で孤立している家庭が何軒かありました。そこで思い切って，役場の担当者と家庭相談員，県の保健所の保健師にも協力を得て，母子で通うことのできる月1回2時間半あまりの小さな療育拠点をこの町に

Holonical Approach

つくることにしました。

公民館の館長には，会場提供に難色を示されてしまいましたが，役場の担当者が町役場の幹部に実情を説明したところ，即座に役場の会議室を提供してくれることになりました。

心理判定員を含めみんなが自宅からおもちゃを持ち込んだり，色鉛筆や画用紙を用意するなど，とにかくすべてが手作りからのスタートでした。会は○○の会と名づけられました。

プログラムは出席のためのシール貼り，親子体操，手遊び，サーキット訓練や，発達相談と情報交流です。人手は十分あります。スタッフだけではなく，それぞれの親も他の子の特徴をしっかりと押さえて親代わりとなるからです。

年に数回は，県の障害児関係でもっとも高度な医療を行っている病院から児童精神科医，整形外科医，理学療法士などを招いての巡回相談も実施しました。今までは，それぞれの家族が片道3時間あまりかけて専門病院に通院しながらも，短時間の診療で帰宅していましたから，じっくりと専門家と相談できることは，親子にとっては大きな負担軽減にもつながりました。

また高度な医療や専門知識をもった専門スタッフの巡回は，親ばかりでなく，地域関係者が最先端の専門的知識を獲得していくことにつながるとともに，逆に診察室での親子の姿しか知らなかった専門スタッフが，家族や地域の生々しい実態を理解していくよききっかけとなっていきました。

役場の会議室を使ったこの活動は，役場の職員や役場を訪れる町の人々にもごく自然に知られていきます。まずは，地元の保育園長が，「月1回ならオルガンを弾きます」とやってきます。そのうち町に保健師がはじめて採用され，その保健師も中心メンバーになっていきます。この流れは，役場の職員，幹部や保育園長を通じて，やがて障害児保育の門戸を開く契機になっていきます。

変容のエネルギーは，町に自発自展的変容を引き起こしていきます。やがて，会の活動には，1歳半健診で，ちょっとした言葉の遅れが見られたりする子どもとその保護者も参加したがるように

なります。そして○○の会から，子育てサークルが自然発生的に生まれ，その活動の中心メンバーが地元の保育園の保護者活動の中心となり，保育園での障害児保育推進のためのよき理解者にもなっていったのでした。

また，最初に○○の会に関わった親や関係者の中から，その後，この町の障害児・者福祉に関わる中心メンバーとしても活躍する人がでてきたのでした。

E君，F君の問題は，この町の子育て文化の影の問題をホロニカル的存在として背負っていたといえます。障害児の問題は，地域で孤立したまま育児をしていた母親たちの不安と同型反復する自己相似的構造とその臨界点に達していただけに，E君とF君に光があたるような局所的変容が，この町全体の新しい子育て文化や子育て支援の場作りの変容（新しいフラクタル構造の創発による自己組織化）へとつながっていったといえるのです。

5　自我同一性より，自己同一性の重視

世界は，高度情報化とグローバリゼーションの浸透もあって著しく変動していきます。特に経済的先進国とされる日本では，家庭，学校，企業や地域社会のどの次元においても加速度的に変化してきています。社会とは，もはや人を護るべき存在というよりも，むしろ人が社会の変化に必死についていくしかない存在に変貌しつつあります。

「情報をいっぱい持っているけど，僕はまだ何も経験していない」と気づき，ぎりぎりのところで自殺を思いとどまった引きこもりの青年がいました。彼は，自己と世界との生き生きとした触れあいの実感から疎外され続け，ひたすら情報社会に追い立てられてばかりいたのです。

変動社会に生きる私たちは，かつてのように「自我同一性」の確立を目標として掲げられなくなってきています。むしろ，自分が変化を求めなくても，社会の方から「1年前の私」と「今の私」の間に変化することを強いられる状態です。しかも，変化のスピードは加速度的です。

地縁血縁を絆とした地域共同体的社会も年々解

体していきます。その結果，孤立・無縁化の進む地区では，PTAや町内会などの地域組織の運営・維持が困難を伴うようになってきています。人と社会，人と人，人と自然の関係が疎遠または希薄な関係になってきているのです。しかも，生まれた時代，家庭，地域社会，所属組織の違いなど社会的経験の差異は，価値の多元化を必然的にもたらすため，常識や当たり前の感覚の対立をめぐって感情が切れやすくなる人がどんどん増えています。数人いれば，お互いの常識は異なるのが当たり前の社会になりつつあるのです。「お互いが相手のことを非常識と思うのが常識になりつつある社会」の到来といえます。「思いが通じ合っている」という感覚の前提内での差異の尊重時代から，「思いは通じ合っていない」という差異の尊重の中で共通性を模索する姿勢が求められる時代に移行してきたといえるのです。差異の相互尊重の中で，地縁血縁社会にかわる共存のための新しい価値の共創の必要性が高まってきているのです。

　安定的で変化の緩やかな時代や社会ならば，社会的常識や当たり前の感覚は，人と人との間で共有されやすいといえます。そうした時代や社会では，成人とされる年齢までに，「自我同一性」を確立することが重要となります。また社会や大人が若者に期待する社会的理想と若者が求める理想の間の一致度が高いともいえます。もし，社会の求める理想と異なる理想をもつ若者がいたとしても，そうした若者は，大人との対立軸の中で自分の自我理想を求めて自我同一性を確立しようとします。いずれにせよ自己評価と他者評価のせめぎ合いの中で自我同一性の確立が問われることになります。しかし，地域共同体的関係の解体の進む社会では，社会自体の同一性が拡散していくため，自ずと自我同一性を確立させることや，確立させたつもりの自我同一性を維持することが困難になっていきます。

　家庭で期待される社会的役割，学校や職場で期待される社会的役割，所属集団の中で期待される社会的役割，自己が自己自身に期待する社会的役割の間の統合性や一貫性を保てなくなってきてい

るのです。むしろ現代日本人の多くは，その都度，その場に応じた社会的顔をもつことを必要とされてきているのです。そうした場の雰囲気を読んで臨機応変に振る舞う力がないと，たちまち空気が読めない人とレッテル貼りされたり，発達障害があるのではないかと疑われる時代になってきたのです。また実際に発達障害を抱えて生きづらさを感じている人たちの問題が，あたかもすべてが個人の病理に帰責できるかのような視点に特化されてしまい，人間関係という社会的関係の問題でもあるという視点がなおざりになってしまうという悪しき社会的風潮の浸透があります。しかしこれでは生きづらさを抱える人の多くが，自分は，あるいはまわりのあの人は，なんらかの疾病や障害をもっているのではないかと常に怯える社会をつくりだしてしまいます。大切なことは，疾病や障害の有無に関係なく，誰もが社会的に包摂される社会づくりといえるのではないでしょうか。

　インターネット上で架空の名をいくつでも持つことが許される情報化社会は，人が多面的な顔をもつことをますます加速化させていきます。

　小学校5年生の女の子Gが，裏サイトで級友から自分の悪口を言われているのを知ったHから，「あなた（G）だけは本当に友達だよね」とHに執ように迫られ，GはHに「友達だよ。信じて」と応答しておきながら，その日の夜には，Gは架空の名で裏サイトに，「もう本当にHはうざい」と書き込む時代なのです。表の顔，裏の顔の使い分けすら錯綜し，いったい何を信じていいのか誰もがわからなくなってきているのです。こうなると，もはや自我同一性どころの話ではありません。自己の統合性の基盤といえる自己同一性の維持そのものが脅かされだしているといえます。

　また地域共同体的関係の解体は，地縁血縁で結びついていた人間関係の疎遠化・希薄化をもたらします。またインターネットの普及は現実世界とバーチャル世界の境界をますます不明確なものにしていきます。人と自然との関係も人が土地にしばられない生き方が主流になり，先祖代々の墓の維持はますます難しくなってきています。このよ

Holonical Approach

うな時代の流れの中で，若い人たちの傾向として，自己と他者の境界，現実と空想の境界，意識と無意識の境界などが希薄化し，自己と世界の関係がなにやら空疎で手応えのないものになりだしているのです。

変動社会は，自我同一性に基づく一貫性，確実性，安定性を信頼関係形成の必要条件としていた時代と異なり，迅速性，柔軟性，臨機応変性に対応でき，かつ価値の多元性に伴う不確実性，曖昧性，多義性に耐える力を人に求めはじめています。

ホロニカル・アプローチでは，「自己同一性」の確立を図ることを「自我同一性」の確立よりも重視します。

心理学は歴史や時代の影響を受けない学問のように思う方もいます。しかしながら，"こころ"のとらえ方ほど歴史や時代の影響を強く受けるものはないと考えます。

自我同一性を尊重する心理学は，自己が生きる場が安定的な社会や時代ならば適切な概念といえます。しかし，そうでない場合にあっては，むしろ自我同一性へのこだわりは，自己に生きづらさをもたらすことになりかねないといえるのです。社会という場が伝統的な安定性を失い出した時，これからの心理学は変動する場を考慮することが重要になってきたといえるのです。

とはいっても，自己同一性と言っても，他から独立した永遠に変化することのない固有性を持った本質のようなものがあるわけではありません。自己そのものは，他との縁起的な関係性のなかで絶えず自己を自己組織化しています。自己のみならず，すべてのものが常に変化しているのです。すべての事象が他の事象との関係の中で，その振る舞いが決定されているのです。他との関係無き場から独立した自己など考え出されたものでしかありません。したがって，ここでいう自己同一性の主体性とは，自己と世界の出あいの直接体験において，場の外的現実と自己の内的現実の相互限定のうちに自己が自己自身の自己組織化を図りながら自己同一性を保とうとする生命の働きを指します。こうした自己が自己自身の同一性を保とうと

する主体的作用のおかげで，私たちは，自己と世界がバラバラにならずに統一的に理解することができているわけです。

6　多層多次元な "こころ" の現象の包括的理解

ホロニカル・アプローチでは，発達論的に，観察主体と観察対象の組み合わせの多様化や自己照合システムの複雑化に伴い，"こころ" は多層性および多次元性を獲得しながら自己を自己組織化させていくと考えています。

多層性とは，意識の表層から無意識といわれる深層まで，"こころ" が層構造をもつということです。ユングは，フロイトが明らかにしたコンプレックスの奥には，もっと深い無意識の層に人類のすべてが類型的イメージを抱く集合的無意識の層があるとしましたが，こうした考え方も "こころ" の多層性を認めた例といえます。

日本の臨床心理学を牽引してきた河合隼雄は，表層意識の下には深層意識が広がること，その深層意識にあっては，井筒俊彦がM領域（井筒，1980）としたイメージの活性化する領域があり，さらにその下層に言語アラヤ識があり，このアラヤ識が，ユングのいう「元型」に当たることを心理療法家としても重視してきたことを明らかにしています（河合，1992）。

自己の底に向かって，個人的無意識層，家族的無意識層，社会的無意識層，民族的無意識層，東洋的無意識層，人類的無意識層，ほ乳類的無意識層，は虫類的無意識層……と多層構造をもっていると考えられます。より深い層ほど意識化することが難しくなり，主体への影響は無意識的となります。

通常の意識水準より下層にある無意識層のコンプレックスが活性化すると，適切な意識水準での判断が混乱させられたり歪んだりすることがあります。

あるIという小学校3年生の男の子がいるとします。この時，Iの "こころ" のもっとも表層の意識は，「僕はIです」「小学校3年生です」と語

る通常の意識水準です。しかし，Ⅰの表層意識の下には，「運動が苦手」「みんなのようには友達づきあいはうまくない」というコンプレックスを個人的無意識層にもっています。そして，その下層には，男子は強くなければならないという家族神話が家族的無意識の層で形成されていたりします。そしてその下層には……と続くわけです。

"こころ"の層の方向に対して，"こころ"の多次元性とは，意識の主体と外的対象関係が多次元の心的構造をもつことです。

Ⅰは，独自の個人的次元（前述の「層」をもつ）以外に，家族の一員としての次元，学校の一生徒としての次元，地域社会の一員としての次元，日本人としての次元，世界の次元など，幾多の社会的役割を意識しながら存在しているのです。

自己は，水平方向に多次元性や空間性をもって無限の世界に広がって存在しようとするとともに，垂直方向に向かって多層性や時間性をもちながら個物として収束しながら存在しています。

水平と垂直が交差する「今・ここ」に自己が存在しているわけです。

直接体験をめぐる観察主体と観察対象の関係性の変容や自己照合システムの複雑化が，"こころ"の多層多次元化という複雑化を促進します。

自己と世界が不一致・一致を繰り返す直接体験を，自己自身がどのような観察主体から，"こころ"のどの層の，あるいはどの次元のどんな側面を観察対象とするのかという差異の累積が自己言及的かつ自己再帰的に"こころ"の多層多次元化を促進します。しかも，自己と世界のホロニカル関係に目覚めた観察主体からすれば，多層多次元な"こころ"の顕れのうち，どんな側面に焦点化しても他の層や他の次元のあらゆる側面がホロニカル的に包摂されて実感・自覚されます。観察対象に，「行動」を選択しても，あるいは「夢」を対象として選択しても，"こころ"の現象のどんな側面を観察対象としても，観察対象として意識のスポットがあたって顕在化した「行動」や「夢」という側面（部分）には，他の層や他の次元のテーマがホロニカル的に包摂されることになります。

自己と世界の一致の直接体験については，どんな"こころ"に関する理論や技法でも「共感」を重視する点においてすべて共通とみなせば，理論や技法の差異は，自己と世界の不一致の直接体験を観察対象とする時の観察主体と観察対象の組み合わせの違いから生じると考えられます。

また，どのような層やどのような次元の側面にスポットを当てたとしても，面接の場での自己と世界の一致の直接体験の累積が，観察主体と観察対象のよりよき変容を自己組織化していくことには変わりがないといえるのです。

"こころ"に関する理論や技法の差異を次のような基準で区分する人がいます。「心の比較的浅い（表層）レベルの変化を目指しているか，深いレベル（深層）の変化を目指しているのか」「発達的か治療的か」と。こうした区分をする人の中には，「これは比較的浅いレベルの発達の問題だから，あまり専門的訓練を受けていないカウンセラーでも大丈夫だろう」と考える人がいますが，こうした考え方はとても危険です。"こころ"の表層レベルの変容は深層レベルの変容に影響するし，深層レベルの変容は表層レベルの変容に影響を与えるし，外的世界での変容は内的世界の変容に影響するし，内的世界の変容は外的世界の変容に影響すると考えられるからです。

また，"こころ"の発達・成長は生きづらさを変容させる力を持つし，生きづらさの消失や解決は"こころ"の発達や成長を促進する，といった具合に先の区別のいずれの視点も重要視しながら同時進行的に扱うことが可能なのです。

生きづらさが見られる時でも，観察主体と観察対象（自己と世界）の関係をめぐって，多層多次元な"こころ"の顕れのうち，どの層に，あるいはどの次元に原因があるかという因果論的視点ではなく，それぞれの層や次元において，悪循環パターンがどのような強弱をもって立ち顕われているかというすべてが縁起的に絡み合っているというホロニカル的視点から問題を把握していくことが大切となります。

ホロニカル・アプローチでは，"こころ"の理論

Holonical Approach

や技法の差異を強調すること以上に，すべてを包括的にとらえていく姿勢の方が重要と考えているわけです。外的現実から内的現実まで，表層から深層まで，意識から無意識まで，幅広くかつ深く総合的にとらえていこうとするわけです。

しかもこうした主観性や特殊性を特徴とする意識現象の多層多次元性は，宇宙，銀河系，太陽系，地球，自然，人工物，身体，器官，組織，分子，原子，粒子，量子といった客観性や一般性を特徴とする物理現象のもつ多層多次元性と相矛盾しながら同一の関係（絶対矛盾的自己同一）にあるとホロニカル論的に把握されます。自己には，意識現象と物理現象が表裏一体になって多層多次元的に織り込まれていると考えられるのです。

7 内的世界と外的世界の俯瞰

ホロニカル・アプローチでは，自己と自己自身という「内的対象関係」と，自己と世界という「外的対象関係」の両方を扱っていきます。

この時，場の文脈を抜きにして個人の内的対象関係を扱おうとしたり，場における外的対象関係ばかり扱って内的対象関係を抜きにするのでもなく，どんな場合においても内的課題と外的課題の間に相互作用があることを前提にして，とりあえずどの問題に焦点化していくかを決めることが大切です。

生きづらさを抱えている人の生きている場を見立て，必要性と可能性によっては，生きづらさを抱えている人の外的世界に直接働きかけ，生活の場が適切な保護的な場となるように調整することも大切です。

内的世界と共に外的世界を扱う必要性について整理すると，次のようになります。

〈心的危機への対応の必要性〉

心理・社会支援の最前線では，こころの野獣性の露出やパワーの濫用による不適切な人間関係にまったなしの対応が求められることが増加しています。しかしながらこれまで累積されてきた「臨床の知」は，日常生活の実際の危機場面から離れた面接室，診察室，実験室で培われたものが多く，現場の求める智慧とは乖離しがちでした。そのためエビデンスがあるとされているアプローチにあっても，面接室や診察室では適切な変容が見られても，安全・安心が担保されていない苛酷な生活環境に戻った途端，被支援者は，再び深刻な危機に陥りがちでした。

今日社会問題化しているのは，DV，虐待やいじめ・いじめられ，セクハラ・パワハラなどの生活の場面における深刻な現実的危機への対応です。しかしながら現実的危機への対応策といっても，表面上，対立や確執を回避・抑圧・否認することによって適応を図るだけでは，自己内にひずみが蓄積され，心的問題や症状をむしろ重篤化させます。といって，緊急性の高い事態に，ゆっくりと内界の変容に時間をかけている余裕もありません。

そこで，今日求められるのは，外的世界も内的世界においても，"こころ"の闇からくる"こころ"の嵐と行動化から適切にサバイバルすることのできる道を徹底して模索するといったトーンの支援が必要になってきているのです。

ホロニカル・アプローチは，まさにこうした内的世界と外的世界に共に対応する必要性から創発されました。ホロニカル・アプローチでは，たとえば虐待行為に対して次のように対応します。ホロニカル・アプローチは，司法的判断とは異なり，あくまで支援の観点から暴力行為に対応します。そのためには，まず暴力の行使された修羅場を後述する「場面再現法」などで小物を使って外在化しながら再現します。虐待への支援では，被支援者／支援者関係に，被害者／加害者関係が再演されやすく，転移・逆転移現象が起きやすいものです。外在化による場面再現は，不必要な転移・逆転移を防ぎ，共に適切な観察主体から起きた出来事を俯瞰する目的もあります。場面再現に目途がたったところで，「今だったらどのように受け止め，どのように振る舞うか」など，未来に向かって，より生きやすくなる道を共に構築するような支援に徹するといった流れです。

従前との差異は，専門家が「正しい道を知る者」

第3章 新しいパラダイム——ホロニカル・パラダイム

としては登場しません。といって部外者として客観的な評価者の立場も取りません。むしろ，より適切なサバイバルの道を共に模索するという立場をとるのがポイントになります。

こうした支援者の支援的態度が被支援者に内在化されていくのがポイントです。適切な支援の場が，適切な人生の再学習・再構成の場と考えられるのです。そのためには，内的世界と外的世界は不一致と一致を繰り返す人生の中で，内界と外界を切り離すこともなく，また外界に幻想的な理想化対象を夢想するのでもなく，できるだけ現実に即して両者の矛盾を統合できる方向に向かって人生を歩むことを支援するというパラダイムが必要になります。

〈観察主体の観察能力が弱い場合〉

これまでの支援の多くは，言語面接が中心のため，相談意欲がある程度あり，かつ内的世界を観察したり，内省したり，洞察したり，分析したりすることが最低できる観察主体の能力を前提として成立してきました。

しかしながら，心理・社会的支援の必要性が高いと関係者が判断する多くの事例では，実際には，相談意欲がなかったり，自己観察することが困難であったり，支援を受けること自体に抵抗を示す人が多いのが実態です。

しかもこうした人々の多くは，自己自身の内面に向かうよりも，日々の生活費や食料をいかに確保するかなど，外的世界に生き残ることに精一杯です。こうした場合は，既存の内的世界を中心とした視点だけでは対応が困難であるとともに，医療機関や大学の相談室にケースをつなぐことも難しいといえます。こうして実態に即した心理・社会的支援を模索していくと，「"こころ"の内的世界と外的世界を共に重視する」という基本的コンセプトが自ずと必要となります。

〈問題とされている人への直接的対応が見込めない場合〉

問題とされる人たちは，問題とする人や社会に対して，強い不信感や拒否感を抱いている場合があります。こうした時は，問題とされている人が自ら支援の場に訪れることが見込めないばかりか，アウトリーチ型の訪問支援すら拒否します。

場の立場から見直すホロニカル・アプローチでは，問題とされる人が心理相談の対象とならない場合でも，問題とされる人を抱えて困っている人を対象にした支援だけでも十分な効果が見込めると考えます。

ある人の苦悩には，その人の苦悩だけではなく，他の人の苦悩もホロニカル的に含まれています。また，ある人の苦悩と他の人の苦悩は，縁起的に絡み合っているので，問題とされる人が対象とならない場合でも，問題とする人の問題に適切に対応していけば，問題としていた人の変容が，問題とされていた人の変容につながっていくのです。そして問題とされていた人と問題としていた人の関係が信頼できる関係になればなるほど，問題とされていた人の問題の適切な変容にもつながっていくのです。

ただし，こうした変容を促進するためには，人間関係のホロニカル的感覚（縁起的感覚）が支援活動の中で培われていく必要があります。もしも，ホロニカル関係の実感や自覚がないまま問題解決の枠組みが従前のままだと，ただこれまでの悪循環が繰り返されるだけになります。

〈支援の場が生活の場に近い場合，あるいは生活の場の中にある場合〉

生活型，地域型の色彩の強い福祉・保健・学校・産業では，被支援者の観察主体が，内的世界に適切に向かうばかりでなく，外的世界にも適切に向かうことを支援することが大切となります。また支援者は，生きづらさを抱えて苦悩する人（J）を中心とした生活の場が，Jにとって，より生きやすくなるような適切な居場所となるように環境調整をしたり，そうした居場所づくりのための協働的ネットワークを創りあげていくことができます。病院や大学での非日常性を大切にした臨床とは異なる特徴といえます。この時，もしもJの"ここ

Holonical Approach

ろ"の内・外の世界を個別面接によって十二分に理解することができている支援者ならば、よりJの琴線に触れることのできる適切な居場所を構築しやすい立場にあるといえます。

居場所とは、適切な保護的容器の役割を持ちます。こうした適切な保護的容器に支えられた体験が、J自身の内的世界に包摂され内在化していく時、J自らがより生きやすい人生の道を発見・創造していくことができる力を身につけていくことにつながっていきます。

よく「居場所」といいますが、適切な居場所とは、どこかにあるようなものではなく、苦悩を抱える人を中心につくりあげていくものと考えられます。

注意すべきことがあります。Jにとっての居場所づくりが、K、L、M……など他の人の自己犠牲によって支えられるようなものになってはならないということです。それでは、居場所作りの取り違えといえます。

ホロニカル・アプローチでは、Jの苦悩には、K、L、Mの苦悩もホロニカル的に包摂されていると考えます。「自己の中に他者を見、他者の中に自己を見ることによって、行為や表現や理解は可能になる。自己は、他者の中に映し出された自己を見ることによって、自己である。他者も同様である。自己が自己であるのは、他者が自己の中にいるからである。自己は非自己を自己自身のうちにもつ」（小林、2000）というように、自己と他者はホロニカル関係にあるのです。

したがって、Jにとっての生きやすい居場所づくりは、K、L、Mなど、同じ生活の場に生きる人たちにとっても生きやすくなる居場所づくりでなくてはならないと考えます。J以外の人の自己犠牲の上で成り立つ居場所とは、結果的にはJにとっては生きていく力を育むことにはなっていないといえます。

〈問題の発生が場自体にある場合〉

外的世界に対しても積極的に働きかけていく支援を徹底的に探究していくと、人の苦悩を次々と生み出している生活の場そのものを、誰にとっても、より生きやすい場とする場づくりに積極的に取り組む方がよいのではないかという視点にいきつきます。生活の場自体が荒廃し、次々と個人の苦悩をつくり出し、ドミノ倒しのように生きづらさばかり抱える人たちが増加していく時、いくら個人個人に対応しても切りがなく、いくら個別対応の専門家を増やしたところで状況の変化は望めません。次々と苦悩を抱える人を増やしていくような場にあっては、場自体の変容を求めていく必要があるのです。しかし、そうした活動は、予防対策の視点とは異なります。生きづらさを生み出す場自体が生きづらさを契機に、より生きやすさを発見・創造するような場となることを目指す積極的な場作りという創造的な視点が必要といえるのです。

専門家と呼ばれる人たちは、場に関わる人たちができるだけ自ら主体的な問題解決の主役になれるように支援することが大切です。専門家が、苦悩を抱える人を変えるのではなく、より多くの人が専門家を必要とせずに人生の主人公になれるような"こころ"の智慧の蓄積が社会に必要なのです。専門家ばかりが増える社会は健全とはいえません。

苦悩がまったく無くなることなどあり得ません。また場にまったく生きづらさがなくなるということもあり得ません。しかし、場が不一致と一致の繰り返しの中で、より一致する方向に自発自展する力をもつことはあり得るのです。こうした場では、より多くの人が、自己と世界の不一致・一致の繰り返しの中で、より自己と世界が一致する方向に向かって生きていることを実感・自覚していくことができるのです。

8 共同研究的協働関係の場の構築

同じような支援でも支援体制の違いは、苦悩を抱える人と支援者の関係性に直接影響します。特に「医学に基づく狭義の治療」と「心理・社会的支援」とは明確に区分する必要があります。

医療機関の多くでは、受付は医療事務員、初回

面接は医師，その後医師が必要性を認めて心理検査や心理治療が行われるという流れにあり，すべての行為は基本的に医師の指示によって実施されます。しかし医師の指示と心理担当のスタッフとの関係や医師による指示内容も，医療機関によって微妙に異なります。しかしながら，いかなる医師と心理担当者との関係であろうと，すべては医療機関という「治療」の枠組みの中で「治す人」と「治してもらう人」という人間関係が場の前提となっています。

これに対して，心理・社会的支援の場では，「治す人」と「治してもらう人」という人間関係とは異なる人間関係が展開されます。

場の違いは，支援を受ける人と支援をする人との社会的関係を決定づけます。その結果，治療の場における対話と，心理・社会的支援の場での対話は，通常まったく異なる展開をします。

例えば，筆者のホロニカル・アプローチによる開業心理相談の場では，「前回（まで）に○○○について，○○○ということになったかと思いますが，それでよかったですか，それともちょっと違っていましたか」と，これまでの歩みのポイントや変容プロセスをクライエント自身が自らの直接体験と自己照合できる機会をもてるように配意します。また，「それでは，今日はどんなことについて整理できることをお望みですか」とクライエントが面接の主題決定の立場にあることを尊重する立場をとります。そして，もしカウンセラーがなんらかの重要な事柄に気づいた場合でも，「○○さんの今までの話を聞いている限りでは，私は××××と感じましたが（思いましたが），○○さんは私の×××というのを聞かれて，どのように感じ，あるいはどのように思われますか」とクライエント自身が自らの直接体験と自己照合できるような機会をもてるように創意工夫を凝らしています。また，信頼関係の構築を前提に，「もし死にたくなった時，そこから上手く脱出できた方法に気づいたら是非教えてね。だって，他の同じような苦しみを抱えている人にも是非伝えたいから」など徹底して共同研究的関係の構築を目指し続けま

す。こうした場が，苦悩するクライエント自身にとっては，ただ自分が存在することだけでも意味のあることへの実感と自覚を促すことにつながっていきます。

それに対して，治療的面接を意識した対話では，〈調子はどうですか？〉など，体調や心身の不調の有無を質問することが中心になります。そうでなくても，場に対して，治してもらいたいという気持ちを強く抱く人は，心身の不調を口にするところから始まることが自ずと多くなります。

場の違いは対人関係や対話の様式に直接影響します。法律家の前では法律に関係する対話が展開し，教師の前では教育に関する対話が展開し，治療者の前では治療に関する対話が展開するのです。場によって対人関係の目的が異なると関係の様式が異なり，当然のこととして対話の様式も異なってくるのです。異なるからこそ，それぞれの専門性が成立しているといえます。

もし医療機関などの場で，医学に基づく狭義の治療と心理・社会的支援を併用する場合は，両者の目的の差異の整理を図って対応することが相乗効果を高めるためにも大切となります。

ホロニカル・アプローチでは，「被支援・支援の関係」が「共同研究的協働関係」に変容していくようなフレームワークを重視しているのです。こうしたフレームワークによって，不平等性を孕みがちだった対話から，「共創的対話」への転換を図ります。そして「共創的対話」が成立した時の新たな直接体験を自己照合の手がかりとして，被支援者は，新たな人生の道を発見・創造していく可能性を高めていくことができると考えるのです。

相談というと，一般的には，「相談をする人」と，「相談を受ける人」という関係としてとられがちです。しかしホロニカル・アプローチでは，「人間の苦悩について，共に苦悩を抱え，共に苦悩に向き合って，より生きやすくなる道を共に発見・創造していく」行為を相談と捉え直しているのです。

児童虐待の対応に疲れ果てていた頃，八重山諸島のある島で，「あんたは産みさえすればいい。あとは島が育てる」という保育園の園児募集の看板

Holonical Approach

をみて感激したことがあります。子どもに思わず手をあげてしまう親たちがこの看板を見たら，どれだけ救われる思いをすることでしょう。保護者自身が暖かい"島のこころ"に包摂される時，体罰を思いとどまる力になるのは間違いないといえます。虐待を受ける子どもも，思わず不適切な養育をしてしまう保護者も，すべてをやさしく包み込むような文化がしっかりと根付いている地域社会に生きられることの大切さを思うのは，恐らく筆者だけではないでしょう。

不適切な養育をする保護者を問題として弾劾しようとする社会よりも，親の弱みを知り，多問題を抱える危機家族ごと適切に包摂していく力をもったローカルな場をつくりあげる方が，案外児童問題の解決のための早道といえるのです。

内的世界だけを対象とするのではなく，人が生きる場ごと適切な居場所としていく方が，より本質的で永続性のある変容をもたらすことができるのです。

個を中心とした視点だけでは，虐待を受けた子どもが被害者で，虐待をした親が加害者という単純図式に陥りがちです。しかし，児童虐待問題に関われば関わるほど，より重篤な事例であればあるほど，加害者と思われた保護者が，いかにこれまでにさまざまな被害を受けていた者であったり，実際に地域社会から排除されて孤立無援状態にあることを思い知ることになります。また地域社会の人々の多くが，児童虐待などに典型的に現れる多問題を抱える危機家族に対して，「問題の人」「問題の家庭」として，いかに冷淡でかつ排除的であるかも自らの肌で感じることになります。

地域社会や家庭環境の影の問題を知らないまま個人病理の視点から，パーソナリティ障害とか，被害妄想や迫害妄想と診断する医師や専門家も，一度，診察室や面接室から出て，実際の家庭や地域社会に足を運んでみるだけの価値があります。現実の環境はおそらく想像以上に劣悪であることを知るでしょう。すると，自己と他者の境界，意識と無意識の境界，現実と空想の境界や公・私の境界の混乱がいかに外的世界の混乱と密接に絡み合

っているかを知るよき機会となります。こうした体験の累積は，ひょっとするとその後の診断や治療方針を大きく換えていく可能性すら含んでいると思われます。

しかし，外的世界を含んで"こころ"の問題を積極的に考えるべきという主張は，社会が悪いとか社会病理の問題だと主張しているのではありません。また加害者の社会的責任を免除すべきと訴えているわけでもありません。個人の問題，家庭の問題，地域社会の問題，現代日本の問題……と，どの次元のどのような問題ひとつ取り上げたところで，多層多次元にわたる問題がホロニカル的に包摂されていると考えられるのです。

重要なことは，あるひとつの心的問題には，多層多次元にわたる問題が包摂されているというホロニカル的視点にたって，問題を特定の原因に帰するような単純な因果論に陥らず，ある人の抱えるある問題を，誰もが共有可能な苦悩と捉え直し，より生きやすくなる人生の道を共に発見・創造していくための共同研究的協働の場をつくりあげていくことなのです。

9　西洋と東洋の"こころ"の とらえ方の統合化

ホロニカル・アプローチでは，西洋と東洋の"こころ"のとらえ方を共に尊重しつつ，かつ統合的に扱います。筆者は，心理学からスタートしていますので，自ずと西洋の心理学がベースにあります。しかし，西洋の心理学が意識中心で，個の主体（自我）中心であることによる限界を感じ，生活の場を重視していく視点に立脚していくようになるうちに，「草木国土悉皆成仏」とすべてに仏性をみ，無我・無心となってあるがままに事物を観照するところに，「心即仏」とする東洋的な"こころ"のとらえ方に限界を乗り越える智慧を見いだしてきました。

「西洋は何かというと，はっきりした定義はむずかしいにしても，ただ，漠然と西洋というものを感じるのであるが，この感じの底には，西洋には，『無心』がなくて，東洋にはあるというようなとこ

ろで，両者の区別を認められはせぬか知らんとも思う」（鈴木，1939）と，海外での禅文化の普及に努めた鈴木大拙も観察主体の「無」を重視するところに東洋思想の特徴を見ます。

しかし東洋の"こころ"のとらえ方では，無我とか場の意義を重視しすぎて，逆に個の立場の視点が弱すぎるともいえます。そこで個の観点が弱い東洋と，個の観点が強すぎる西洋的な"こころ"のとらえ方の差異を統合的に扱えないかと悩む中で，観察主体と観察対象の関係の差異として，両者を統合的に理解できるのではないかと頓悟した時に，ホロニカルな観点が誕生したのです。

西洋は，観察主体としての個（自我）をしっかりと確立することを重視し，東洋は，観察主体をできるだけ無我とし，観察主体と観察対象が一となる場の方向を重視し続けてきたといえます。したがって，東洋思想と西洋思想では，重視する観察主体と観察対象の関係が真逆になっていると統一的に記述できるのです。

こうした気づきの背景には，心理学ばかりでなく，哲学，思想，宗教，ニューサイエンスなどの影響もあります。

東洋的な感覚に近い人にとっては，私（自己）と世界，私（自己）と自然，私（自己）と他者との関係は，相互浸透的なものとなります。もし「私」をめぐる「内」と「外」の間に境界膜のようなものがあるとするならば膜が薄いと比喩できます。

逆に，西洋的な感覚に近い人にとっては，私（自己）と世界，私（自己）と自然，私と他者の関係は，相互独立的であり，「私」をめぐる「内」と「外」の境界膜は厚いと比喩できます。

「内」と「外」との関係の相互浸透性を深く追求すると，そこには無境界の感覚が生じることになります。無境界レベルでは，内・外の区分がなく，世界と自己は融合的で一体的で同時存在的に感じられることになります。逆に，「内」と「外」との差異をより追求すれば，それは「世界」から独自の存在としての，「自己」の存在に目覚めることになりますが，世界とのつながりを失った孤独に耐える力が必要となります。

結局，「内」と「外」の関係性をいかに認識するかで，世界観や自己観はまったく異なったものになるのです。

ほとんどの人は，「内」と「外」の２つの狭間で悩みながら生きているといえます。

今，私は遠近両用の「眼鏡」を使ってパソコンでこの原稿を書いています。

この時，西洋的感覚からは，私という「自己」の「外」にある「物質」として眼鏡を定義することができます。私が観察主体となって，客観的に存在し，認識される「物質」としての眼鏡です。こうした物質としての眼鏡については，客観的視点から，できるだけ厳密に定義していくことが可能です。辞書的に定義できる眼鏡です。材質，手触り，色合い，デザイン，値段……といった具合です。写真に撮れば，どんな外観かもすぐに誰にでも理解できます。

ところが，その一方で，「主観」と「客観」，「内」と「外」の境界が相互浸透的で曖昧となった東洋的感覚としての眼鏡があります。こうした感覚の眼鏡には，先に西洋的に物質として定義された眼鏡を含むだけではなく，主観的なさまざまなものが含まれてきます。例えば，材質，手触り，色合い，デザインなどに対する私の嗜好，今，この部屋の温度と湿気の中で私がかけていることによって起きる私の皮膚と触れている私と眼鏡の接面におきている現象，私の近視・乱視・老眼の程度とレンズの厚みの関係，眼鏡を購入した時の私の記憶，製造元の会社の開発者の思い，眼鏡の文化・歴史などです。このように私が直接体験で直覚している眼鏡は，語り尽くすことのできないものになってしまうのです。そして，今，私が実際に使っている眼鏡とは，今・この瞬間，この場で，他のさまざまな出来事を包摂しながら，今，この瞬間，他のさまざまなあらゆる出来事の限定を受けながらも存在している眼鏡の方が実在している眼鏡といえるのです。物質として定義できる眼鏡は，「私の眼鏡」のうちのほんの一部でしかなく，語り尽くすことのできない眼鏡こそ，今私の使用している「眼鏡そのもの」なのです。こうした原稿を

Holonical Approach

書いているがために，私と眼鏡の関係が一層深まっていってしまう眼鏡が，今私が使っている眼鏡といえるのです。

ホロニカル・アプローチでは，西洋的"こころ"の捉え方も東洋的"こころ"の捉え方も共に重視します。東洋的眼鏡も大切ですが，それでは何も語れなくなってしまいます。そこで，ホロニカル・アプローチでは，東洋的な捉え方の"こころ"の感覚を，できるだけ，西洋的な"こころ"の視点でもってぎりぎり説明しようとするところに，これからの新しい心理学に道が切り開けるのでないかと日々探究しています。

〈事例3〉

「内」と「外」で揺れ続けた中学校2年生の女性Nさんのお話です。

Nさんは，小学校の4年生の時にクラスの男の子に肥満の体型をからかわれたことをきっかけに，ずっと不登校状態になって家の中に引きこもってしまっていました。

お母さんはNさんを車に乗せて心理相談室にやってくるのですが，Nさんはどうしても車から降りることができないため，ずっとお母さんとだけの面接が続いていました。

もうすぐクリスマスを迎えようとしていた頃の出来事です。突然，Nさんはお母さんの勧めに応じてカウンセラーと会うことを決意し待合室までやって来ます。しかしその雰囲気からはとても会話による面接は無理なようです。そこでカウンセラーは，待合室にあった10冊近くにもなるスケッチブックを〈見てみる？〉と尋ねてみます。スケッチブックには，待っている間の短い時間を使って沢山のクライエントの"こころ"の心象風景を表現した絵や詩が描かれていました。

Nさんは，面接予定時間の全部を使って，沈黙したまま食い入るようにスケッチブックをひたすら見ていました。そこでカウンセラーもただ黙って見守ることにし，その日はそのまま終了しました。

その次の面接の時に，Nさんは重い口を開いて次のように語り出します。

N：「2つの幸せがあるんですね」

Co：〈2つの幸せって？〉

N：「これまで幸せって，遠い目標に向かって，ひたすら努力して，その目標を達成することで得られるものだと思っていた。でも，もうひとつ別の幸せがあるんですね」

カウンセラーはNさんの言葉を反射しながら，

Co：〈もう一つの幸せって？〉と質問します。

N：「その幸せって，実は，いつでも，どこにでもあるんだけど，なかなか気づくことが難しい幸せ。でも，やっと，いつでもどこにもあると気づいた。だから，生きることにした」

まだ中学生の言葉の重みに畏怖の念を覚えながらも，

Co：〈生きることにしたって？〉と思わず聞くと，

N：「ええ……。前回の面接のあと……死ぬつもりだった。でも，もうひとつの幸せがあることに気づいたからもう死なない」と，きっぱりと語ったのでした。

前回のカウンセリングのあと，お母さんは何年ぶりかに外出したばかりか，他人とも話をしたNさんの変容がうれしくて仕方がなく，街中のデパートで毎年開催されているフロアーコンサートにNさんを連れ出したとのことでした。この時，Nさんは，お母さんと一緒に聞いた女子大生の演奏するハンドベルの響きに感激し涙したというのです。その涙を流した瞬間，Nさんは，「ああこういう幸せもあるんだ」と気づいたというのです。

Nさんにとっては，死ぬことを考えていたのに，ハンドベルの音が"こころ"の中に染み渡り，また聞きたいと感じたのです。まさに，聞きたいと感じた瞬間が，生きる力が蘇った瞬間でもあったのです。Nさんの観察主体である「我」が，あらゆる執着から離れ無心になれたからこそ，断絶しかけていた自己と世界が，一瞬にしてつながったといえるのです。東洋思想が重視してきた無心のためせる業といえます。

Nさんは，目標を達成することによって得られ

る幸せの大切さを人一倍理解していました。むしろ大切さを重々承知していたからこそ、肥満で不登校・引きこもり状態にある自分など、すでに一般社会からの落伍者と思い詰め、生きる価値すらないと自殺念慮を抱いていたのです。しかし、彼女を救ったのは、もう一つの幸せである生きていること自体そのものへの賛歌だったのです。

「『今・ここ』にいつでも幸せを発見できる」ことを体感したNさんは、専門学校への進学というもう一つの幸せに向けて、少しずつ歩み出していきました。無心になれば、いつでも自己と世界のつながりの幸せを実感できることを体感したことが、社会の一般常識に押しつぶされない西洋的な個（我）の主体性の確立を促したといえます。

10　発見・創造され続ける答え

ホロニカル・アプローチでは、生きづらさを克服するための正しい答えなどどこにもないと考えます。しかし、より生きづらさを和らげる生き方は、いろいろ模索している中で自ずと見つかってくるものと考えています。

自己と世界の不一致体験は苦悩であり生きづらさをもたらします。不一致体験の累積が苦悩を形成します。しかし、自己と世界はもともと絶えず不一致と一致を繰り返しているものであり、人生から苦悩がなくなることなどあり得ません。

しかしながら、自己と世界の一致の体験（ホロニカル体験）がたとえ一瞬であったとしても、あるいは、たとえ短いひと時であったとしても、ホロニカル体験が累積していけば苦悩は明らかに和らいでいきます。また、過去のトラウマ体験の記憶に視野狭窄に陥っていても、今・現在に自己と世界が一致するホロニカル体験を手がかりとしていけば、過去の辛い体験を過去のものとして心的距離をとることができるようになります。

過去の苦痛の体験を忘れたり、消すことはその衝撃が強いほど簡単ではありません。ただ、もし今・ここや今・現在がほんの短い瞬間でも自己と世界の一致のホロニカル体験を実感・自覚できるならば、「過去の記憶に支配されがちな今・現在

から、過去を過去のものとして今・現在を取り戻す」ことが可能となります。

そのためには、自己と不一致の過去の直接体験の想起に対して、適切な観察主体が適切な距離をもって不一致の直接体験を観察対象とすることができるような場が必要となります。またその場は、苦悩を伴う過去の不一致の直接体験を観察する人にとっては、逆に今・ここにおいて安全感や安心感を実感できるところでなくてはなりません。おぞましい過去の直接体験を直視する人にとって、自己と世界（支援者を含む）の一致を直接体験として体感できる場でなくてはならないのです。不一致・一致を一致できる場が大切となるのです。

おぞましい直接体験を観察対象とする時、観察主体が適切な心的距離をとれないと、おぞましい直接体験に付随する激情に観察主体が呑み込まれてしまうことがあります。それだけに地獄のような話を聞く人もまた、"こころ"の激情の波に呑まれないでいられる観察主体の力を獲得している必要があります。それがあれば、"こころ"の激情の波に呑まれかかっている人を、目の前の現実世界に引き戻すことができます。

しかし、時として"こころ"の激情に共に呑み込まれてしまうことがあります。こうした時は、話を中断して、物理的にも空間的にも、おぞましい直接体験のテーマから離れる勇気をもつことも大切になります。いったん休憩。いったん水入り。いったんクール・ダウンすることが大切です。底なしの苦痛の話は、実はとても強い情動感染能力をもっているのです。そのため感応性の高い人ほど、傾聴のしすぎには注意が必要です。

生きづらさの直接体験ばかりに執着する人に対しては、自己と世界が一致した時のホロニカル体験の話題を積極的に取り上げることが大切です。ホロニカル体験そのものを自覚的に体験する人は、ごくまれです。むしろほとんどの人はホロニカル体験自体をすぐに忘れてしまうのです。決してホロニカル体験がないことはないのですが、ホロニカル体験そのものは、「そういえばあの時、無心（夢中）になっていた」と、事後的に気づくものな

Holonical Approach

のです。しかしながら人は，自分でホロニカル体験を事後的に気づくことは少なく，ホロニカル体験の想起のためには，ホロニカル体験に積極的に焦点を合わせる他者の存在が必要となるのです。

そしてホロニカル体験の度に，新しい答えが発見・創造され続けてくるのです。

答えは，どこかにあるというようなものではなく，自己と非自己的存在（他者とか世界の何か）との触れあいの中から発見・創造され続けられるものとしてあるのです。

11　直接体験との照合

今・この時，まさに"こころ"が触れて貰いたがっているところに焦点をあわせると，自ずと新しい言葉や生き方が湧きあがってきます。それは，まさに新しい人生の生き方が発見・創造される瞬間でもあります。

生きているという実感は，五感や直観でもってこの世界に触れ，何かを感じとることを欠いては得られないと思います。生きようと考えていたり，生きることを思い空想しているだけでは，それは頭だけの思考や観念的なものにとどまってしまいます。いや，それどころか思考や観念だけで生きようとすると，生きているという実感から遠のいてしまいます。

より生きやすい人生の道の発見や創造は，腑に落ちるものでなくてはなりません。腑に落ちるような体感なき，論理的法則や理屈だけによって見いだされるようなものではないのです。自己と世界の出あいの直接体験の中に，より生きやすい道が発見・創造されるのです。直接体験との照合なき道は，考え出されたものにすぎません。

自己と世界の一致の直接体験は，2つの検証手続きによってその一致の確率を高めることができます。

1つは，自己と自己自身の直接体験との一致です。内的照合手続きといえます。しかし，これだけだと私だけが正しいという「独我論」となる危険性があります。

そこで必ずもう1つの自己照合手続きが必要に

なります。この手続きは，自己と他者たちとの一致です。外的照合手続きといえます。しかしこの時，ただ他者に合わせるだけでは相対主義的ニヒリズムに陥ります。

支援の場では，まさに内的照合と外的照合をめぐって展開するといえます。

このことを，1対1のカウンセリングの場で考えてみます。

クライエント（Cl と略記）とカウンセラー（Co と略記）のやりとりは次のように展開します。

①Cl と Co の不一致・一致を伴う対話の展開の中で，Co は，Cl の"こころ"の中にAがあることに共感的理解が可能になります。この時，新しい気づきを得た Co を Co1 とします。

②すると，今度 Cl は，自分のAに共感的理解を示す Co1 との一致体験を通して，面接の場で一瞬，自己と世界の一致を体感します。こうした一致を体感した Cl を Cl1 とします。内的自己照合と外的照合の一致の体験といえます。

③次に再び展開していく Cl と Co の不一致・一致を伴う対話の中で，今度は Cl1 の中にはAだけではなくBもあることに，ついに Co1 は共感的理解が可能になります。この時，新しい気づきを得た Co を Co2 とします。

④すると，今度 Cl1 は，自分のAだけではなくBにも共感的理解を示す Co2 との一致体験を通して，自己と世界の一致を再び面接の場で体感します。こうした一致を体感した Cl を Cl2 とします。

以下，同じようなことが繰り返されていきます。

すると，次第に Cl は，A，B，C，D，E，F……といったさまざまな"こころ"の部分に潜む出来事に対して，共感的理解を示す Co と面接の場を通して，Cl 自らが，A，B，C，D，E，F……のすべてをあるがままに包摂していくことが可能になっていくのです。

しかし実際には，このように理想的には展開せず，もっとぎくしゃくしながら展開していきます。お互いの信念や，時間的制約などの社会的文脈上の制限が悪影響をもたらしたり，心身の不調が面接関係に微妙に影響します。実にさまざまな要因

が面接の場に影響して，Co がどうしても Cl に共感できない場合，Cl も Co に共感されていないと感じる場合が起きます。あと何かが明確化すれば理解可能に思えるのだけれども，なにやらいまひとつ両者とも腑に落ちない場合などもしばしばあることですから，そうした不確実性に両者が耐えられる力と信頼関係が構築されていることが必要となります。

また，逆に Cl が Co に共感的理解を示すことによって新たな展開が可能になるなど，実際はもっと複雑な展開となります。

いずれにせよ，カウンセリングのような心理相談では，A，B，C，D，E，F……というあらゆる現象を通じて，お互いが自己と世界の不一致・一致について真摯に内的自己照合と外的自己照合を繰り返しながら展開していることは確かです。

重要なことは，支援がうまく展開する時には，必ずといっていいほど，被支援者と支援者が共に変容するという現象が起きているいうことです。被支援者が変容するだけでは決してないのです。被支援者と支援者が自己照合と外的照合を絶え間なく繰り返しているうちに，お互いが自発自展的に自己組織化が創発されるという現象が見られるのです。

独我論や相対主義的ニヒリズムに陥らないためには，内的照合と外的照合の不一致・一致による自己照合によって，より生きやすくなる道が発見・創造されてくると考えられます。

自己が場において世界と触れていると実感している時と，世界について考えている時では，生きている実感の差が自ずと生じます。例えば，秋の虫の声に季節を感じている私と，あの虫は鈴虫と頭で識別して考えている私では，私と世界との体験がまったく異なってきます。前者は，鈴虫の声を通じて私と世界がつながり，秋の情感的世界が体験的に拡がります。この時，鈴虫の声を聞く私と鈴虫の棲んでいる世界が一体化しています。

これに対して，後者は，私という主体は，世界から鈴虫の声を意識的に切り取り，「これは鈴虫の声だ」と判断しています。この時，判断している私は，鈴虫を「モノ」として対象化しています。

私と鈴虫の声との間に一線を引いて区別しているからこそ，こうした認識・識別が可能となっているのです。しかし，判断している時の私には，秋の情感という感覚はなく，考えている私と鈴虫や世界との間のつながりは切断されています。

このように両者には，私と世界との関わりにおける体験の仕方に微妙な違いがあります。実際には，鈴虫の声を分別し判断することと，秋の情感を感じることが，瞬時のうちに行ったり・来たりしているのが普通でしょう。しかし，この往復が何らかの理由でできなくなって，私にとって世界が「モノ化」してしまうと，生きている実感をもてなくなり，この世界に生きていることがとてもつらいものになってしまいます。

12　ホロニカル・アプローチの立場および姿勢

ホロニカル・アプローチの立場は，フロイト（1856-1939）などにはじまる精神療法だけではなく，ギリシャ哲学から始まるとされる心理学をはじめ，古今東西の宗教や思想，近代に入ってからは，ヴント（1832-1920）にはじまる実験心理学，アメリカで隆盛を極めた行動主義，心理測定や職業相談や児童相談などのカウンセリングや心理療法の流れなども含む心理学や臨床心理学をバックボーンにしています。そして，人間の生きづらさに対して，医学に基づく狭義の治療を近接領域として参考にしつつも，心理・社会的支援の観点から構成されています。その結果，たとえば心理領域でいえば使用される用語同士の関係は，支援＞心理・社会的支援＞心理的支援＞心理相談＞カウンセリング＞心理療法という限定順です。左側になるほど幅が広く，右側ほど狭くなりますが，いずれの場合も，ある具体的な生きづらさの問題には，こころの多層多次元のテーマに深く関わっていることには変わりがないと考えられます。

なお，ホロニカル・アプローチは，支援といっても治療的パラダイムとは異なる支援行為の立場のため心理治療という用語は使用していません。

Holonical Approach

第4章

ホロニカル・アプローチの主要概念

これまでの心理学からパラダイム・シフトしていく歩みの中で，新しい概念や新しい用語が生まれてきました。この章では，ホロニカル・アプローチで用いられる主要概念について説明します。

1 "こころ"の理解のための主な概念

①現実主体（我）

自己と世界の出あいの不一致・一致の繰り返しの中で生起してくる意識作用の主体のことを「現実主体（我）」と呼びます。「私」という意識のことです。

従前の臨床心理学・精神医学の「自我」に相当します。ホロニカル・アプローチでは，「自我」という概念は，西洋的な近代的自我のことを指し，日本人のいう「私」とは微妙に異なると考えます。

現実主体（我）は，常に存在しているようなものではなく，自己と世界の出あいの場で起滅しながら，非連続的に連続しているものと捉えます。

「私」という意識に一貫性をもたらしているものは，現実主体（我）ではなく，自己と世界が常に不一・不異の関係として相矛盾し対立しながらも同一の関係として立ち顕れるからと考えられます。自我に同一性があるのではなく，自己に同一性があるのです。

現実主体（我）は，現実主体が観察主体となって自己や世界を観察する時の志向性によって，「内我」と「外我」の2つに区別されます。

②内我と外我

ホロニカル・アプローチでは，現実主体（我）を「内我」と「外我」にわけます。

「内我」とは，自己と世界の出あいの不一致の時に立ち顕れてくる個別的な意識（内面）のことですが，「内我」は，もっぱら自己と世界の不一致・一致の直接体験をそのまま直覚しようとします。足の裏が何かに触れている感覚に意識を焦点化し，足の裏を直覚的に感じ取ろうとする時には，内我が働いています。

「外我」とは，自己と世界の出あいの不一致の時に立ち顕れてくる一般化された意識（外面）のことですが，「外我」は，もっぱら自己や世界を観察対象として，さまざまなものに識別したり区別しようとします。足を「足」として識別し，客観的観察対象としている時には，外我が働いています。

「内我」は，自己と世界の不一致・一致の直接体験を，自己と世界の出あいの場に付随する情動的なものを含んだ気の流転を感性的・直観的に直覚します。夢や表象的活動の担い手となります。

「外我」は，知的自己と深く関係し，認知，思考，論理，知性，理性的活動の担い手となります。

「内我」は，無意識的身体的活動と結びつき，「外我」は意識的活動と結びつきます。

心的活動において，「内我」と「外我」のいずれが立ち顕れるかは，観察主体と観察対象の関係性をめぐって，一瞬・一瞬に決定されています。

西洋的な自我というのは，ホロニカル・アプローチ的には「外我」の働きが強い状態といえます。

自己と世界の出あいは，「内我」の出現時に，自己と世界が直接体験の直覚を通じて一致しやすくなり，「外我」の出現時に，自己と世界が切断され，

自己と世界が不一致になりやすくなるということを繰り返しています。

「外我」は，自己と世界の出あいの直接体験をホロニカル主体（後述）という「理」の基準によって観察対象（自己および世界）を識別・認識しようとします。それに対して，「内我」は直接体験そのものを直観的に直覚し，多様な直接体験の断片を統合的に把握しようとします。

外我と内我が一となって，かつ無我となって観察対象である直接体験と一体化する時が，自己と世界が一致する体験（ホロニカル体験：後述）となります。

「内我」と「外我」の関係は，気分（後述）とホロニカル主体（理）とのさまざまな体験を経ていくうちに，発達段階や個人個人特有の心的構造を形成していきます。

ホロニカル・アプローチでは，「内我」と「外我」が，観察主体と観察対象（自己と世界）をめぐってどのような心的構造を自己組織化してきているかの発達面に注目し，見立てにも利用します。

「内我」は発達に伴い，「内外融合的主体」→「内的現実主体」と変容していきます。発達に伴い「内的現実主体」は強化されていきます。

「外我」は発達に伴い，「内外融合的主体」→「内外融合的外的現実主体」→「他律的外的現実主体」→「自律的外的現実主体」へと質的変化を遂げながら変容していきます。

内我と外我の発達については，第5章「自己の発達」および，拙書の『ホロニカル・セラピー』（定森，2015）を参照ください。

③ホロニカル主体（理）

自己超越的な「理」のことです。

ホロニカル主体（理）は，自然，社会・文化的なものの中に含まれていて，外我と内我が発達的に機能分化する前には原初の現実主体（我）の中に内在化され，発達段階が進み外我と内我が分化していくと，もっぱら外我に内在化されていきます。出来事の階層的秩序化の法則的源といえます。

「理」の面だけではなく，「情」の面も持ちます。

「理」の側面は，宇宙の原理，戒律，倫理，社会規範，生活規範，文化，思想，信条，信念となります。「情」の側面は，厳格な態度，批判的態度，冷静客観的な態度，慈悲深い態度など情緒的色合いをもちます。

「理」と「情」で，ひとつのホロニカル主体（理）を形成しています。フロイトの超自我の概念もホロニカル主体（理）のひとつです。

自己と世界との出あいに伴う不一致・一致の直接体験そのものは，瞬間的かつ断片的な経験の起滅の繰り返しですが，自己は世界との出あいの一致を求めて自発自展的に自己を自己組織化していきます。この時，自己組織化の秩序をもたらす原理がホロニカル主体（理）といえます。

ホロニカル主体（理）は，自己の発達段階や心的構造段階によって，1）～6）といったように異なる様相をもちます。1）混沌，2）原初のホロニカル主体，3）幻想的ホロニカル主体，4）既知のホロニカル主体，5）創発的ホロニカル主体，6）IT（それ：後述）と発達段階的に変容していきます。

ホロニカル主体（理）から文化の影響を解体し脱統合していくと，窮極的には言詮不及の「IT（それ）」に限りなく近づきます。

ホロニカル主体（理）の発達については，第5章「自己の発達」および，拙書の『ホロニカル・セラピー』（定森，2015）を参照ください。

④自己

自己とは，物理的生物的存在など，より一般原理の働く存在であるとともに，心理・社会的存在として，より個別的原理の働く存在でもあります。

ユングは意識の中心としての自我（ホロニカル・アプローチでは現実主体に相当）に対して，意識も無意識も全体を含んだ全体でもあり，中心ともなるところに自己（Self）を考え，自己は自我を包含するものとしました。ミンデル（Mindell, 1982）はユングの自己の概念を，「ドリームボディ（夢・身体）」と身体性を含んだものとして深めています。ホロニカル・アプローチの自己も，ミンデル

のドリームボディに相当します。自己は，心身一如的存在といえます。

無意識的な仕草・動作，腹痛・頭痛といった身体症状や情動や感情などの身体的な非言語的メッセージが，言語的表現と不一致の時があります。こうした時は，自己の自然な反応が歪曲・加工され，自己防衛や抵抗が働いている可能性があります。納得するとか，了解するとは，身体的自己レベルでまさに腑に落ちることです。身体的自己は直接体験に直結しており，直接体験は場と表裏一体の関係にあります。自己は，自己以外のすべてとの関係を含む場（世界）を身体的自己が直接体験を通じて直覚した上で，自己を表現しようとする存在といえます。身体的自己レベルの直接体験との自己照合なき理解は，真の納得とか了解にはならず，頭だけの理解となってしまいます。

身体的自己は有限ですが，自己そのものは無限のためミクロの世界から自己超越的なマクロの世界までを自己意識の中に取り込んでいくことができます。自己は，個別的側面と自己超越的側面の二重性を帯びた存在といえるのです。

自己は，自己と世界の交錯する出あいの場において，生と死のせめぎあいを繰り返しながら存在します。世界から誕生した自己は，世界を取り込みながら自己を自己組織化し，世界に対して歴史的社会的存在として能動的に働きかけます。

自己は，現実主体（我），ホロニカル主体（理）の基盤となって，世界との出あいによる不一致・一致の直接体験を通じて，世界と一致する方向に自己自身を自発自展的に自己組織化しようとします。

自己は，自己と世界の出あいの不一致・一致の繰り返しの中で，いかなる自己が，いかなる自己をいかに自己観察し，その結果として自己をいかに自己言及的に物語るかが，自己自身の自己形成に自己再帰的に影響してくる存在といえます。

自己は，自己と世界との出あいを通して，自己言及的再帰性をもちながら自発自展的に自己を自己組織化していくのです。

自己とは，自己言及的自己再帰システムとして自己組織化していく発達的存在といえるのです。

自己言及的対話が，自己内だけの閉鎖的なモノローグ的なものとなるか，それとも他者や社会に開かれた自己との対話を促進していくかは，その後の自己の自己組織化に大きな差異をもたらします。

実存哲学の創始者とされているデンマークの哲学者キルケゴールは，1849年に出版した『死に至る病』の冒頭で，「人間とは精神である。しかし，精神とは何であるか。精神とは自己である。しかし自己とは何であるか。自己とは，自己自身に関係する関係である。あるいは関係が関係自身に関係するという関係のうちにある自己ということである」（Kierkegaard, 1982）と，自己の自己言及性および自己再帰性について触れています。

苦悩を有する時の自己は，適切な自己の自発自展的な自己組織化が阻害されています。苦悩の累積による頑固な問題を有する時ほど，自己の心的構造は，多層多次元にわたって流動性を失っています。

ホロニカル・アプローチでは，現実主体（我）の主体性は，まずは自己の主体性が確立されてから成立すると考えています。自己の主体性の確立のないところでの現実主体（我）の主体性は，苦悩を生み出すばかりと考えられます。

⑤ IT（それ）

「名づけられないもの」を名づける矛盾を承知の上で，「IT（それ）」と名づけました。古来，神・仏などと言われるものと同じ類概念です。近代以降は，科学の目のようなものになっています。「IT（それ）」と命名した理由は，神・仏・永遠の真理・絶対の真理・宇宙・全世界などと名を与えると，名を与えた途端，言葉を産み出している文化・歴史の影響を排除しきれなくなるからです。

自己とは，身体的自己である限り命ある有限の存在ですが，トランスパーソナル的（超個人的）な霊性的存在でもあり，そのことを「IT（それ）」との出あいの体験を通じて実感・自覚します。

「IT（それ）」を実感すると，孤独な存在ではな

いことを実感・自覚できます。

　観察する主体としての私の意識が強すぎると「IT（それ）」は体感できにくくなり、むしろ無我・無心の時の方が、観察する主体と観察対象の境界が無境界（ホロニカル体験）となって、すべてを包摂するものとしての「IT（それ）」を体験しやすくなります。

　「IT（それ）」は、自己の自己組織化における統覚的統合作用をもち、究極的には、「IT（それ）」の働く根源的な場が、「絶対無」「空」であることへの気づきをもたらす可能性があります。

　しかし、「IT」について語る時には、慎重な態度が必要です。「IT」は語り出された途端、その言説には、歴史・社会・文化の限定や極めてローカル性の強い限定を帯びた「ホロニカル主体（理）」の影響を排除できないからです。

　その結果、たとえ「IT」に向かって語りだそうとする者同士にあっても、お互いが抱く「IT」には著しい差異があるのが現実です。日頃生活の場を共有する者同士ならば馴染める「IT」「ホロニカル主体（理）」に関する対話でも、生活の場を共有していない者にとっては、自己違和的、嫌悪感や嘔吐すら覚える場合があるのです。こうした現実への配慮・配意がなく、同じ「IT」について語りあっていると錯覚してしまうと、あまりの差異と溝の深さにお互いが傷つけあい、激しく衝突することになります。しかし反対に、「物差し」の差異を理解しあった上で、対話を試みるならば、「IT」に向かって相互により共有可能な「ホロニカル主体（理）」を創造・発見することが可能になります。ただし、こうした場合は、言説の差異による「曖昧性」「モヤモヤ性」「言葉の多義性」「言葉の共訳の限界性」に耐えながらも、新しい「ホロニカル主体（理）」を真摯に求めていくような姿勢が求められます。

　宗教家、哲学者、科学者同士の対話のように、「IT」の立場（第三者的立場）からの極力主観抜きの厳密な手続きを踏んだ客観的言説を求められる場合でもない限り、「IT」についてもし語ろうとするならば、「私（私たち）は、……と思うのです

（……と考えるのです。……と感じるのです）」と一人称の立場から語りをはじめることが大切になります。またいかなる言説であろうと、自分（たち）の言説の「ホロニカル主体（理）」による限定があるという限界を自覚した上での対話であることが大切になります。

　こうした開かれた対話を重視する視点は、「フィンランド発、精神医療を刷新するアプローチ」（斉藤、2015）として日本にも紹介された「オープンダイアローグ」（Seikkula & Arnkil, 2006）と同じ潮流にあると思われます。

2　"こころ"の現象の理解を助ける概念

①直接体験（自己と世界の出あい）

　自己と世界の出あいの直接体験は、身体的自己による「行為的直観」（西田、1937）によってもたらされます。行為的直観には、観察主体の働く前の先験的契機が含まれています。行為的直観というのは、出来事を外側から分析するのでなく、出来事の内側に入り込んで、事実をそのままありのままに捉えることといえます。何らかの知的判断を入れないこと、主客の区分、主観・客観の区部の分岐する前の利那の直接体験をそのまま直覚することといえます。観察主体の働く前の無媒介的直感知が直接体験といえます。

　自己と世界の出あいのすべてが、自己にとっては直接体験といえます。直接体験には、自己と世界の不一致・一致の出あいのすべての体験が含まれているのです。そのため直接体験には、不一致・一致に伴う"ゆらぎ"の感覚が含まれます。この"ゆらぎ"が、自己や世界の実感・自覚の基盤となっています。

　また直接体験には潜在的理が含まれ、現実主体（我）が潜在的理を自覚するとホロニカル主体（理）に変わります。

　直接体験に対して開かれた態度をとると、観察主体によって分断されバラバラの万物によって構成されていた世界が、全一的存在として実感・自覚されます。ホロニカル・アプローチで、自己と世界の一致に伴うホロニカル体験と呼ぶものです。

Holonical Approach

直接体験には，過去の記憶も含まれています。また，これから開けてくる未来の予感も含まれています。

人間の直接体験には，物理・生物的世界だけではなく，歴史・社会的世界も含まれています。

心理学は，直接体験の直覚との自己照合に基づくものでなくてはならないと考えられます。

②ホロニカル的存在

イギリスのケストラーは，全体からみると部分だが，部分だけでも全体として振る舞う機能をもつようなものを，個（on）が独自に機能しながら全体（hol）とも調和しているものということで「ホロン（holon）」と名づけました（Koestler, 1978）。

ホロニカル・アプローチでは，「ホロン」同士の関係が相即相入的に相互包摂的関係をもつことを「ホロニカル関係」と概念化しています。そして，多層多次元な振る舞いをする"こころ"とは，まさに「部分」と「全体」がホロニカル関係にあるものと捉えます。そして，部分にあたる要素を「ホロニカル的存在」と概念化しています。

あるホロニカル的存在の中には，他の全体が包摂され，あるホロニカル的存在は他のホロニカル的存在の影響を受けながらも，ひとつの自律したホロニカル的存在として振る舞います。

幾つかの小さな自律的ホロニカル的存在が，より大きなホロニカル的存在を自己組織化する時，より大きなホロニカル的存在は，新たな全体的ホロニカル的存在として自律的に振る舞うようになります。この時，それまでのより小さなホロニカル的存在は，より大きな新たな自律的ホロニカル的存在との間に新たなホロニカル関係をもつようになります。

ホロニカル・アプローチ的には，感情，認知，行動……などと識別した要素はすべてホロニカル的存在と考えます。したがって，どのホロニカル的存在のひとつをとっても，他のホロニカル的存在から切り離して独立的に取り出すことは本来無理があると考えます。

"こころ"は，要素還元主義的な局所的な振る舞いによる相互作用だけによって説明することは困難であり，Aというホロニカル的存在とBというホロニカル的存在は，相互に自律的振る舞いをしながら相互包摂的関係かつ相互限定的関係にあると考えられます。

このことを逆から見れば，"こころ"における局所的なホロニカル的存在同士の相互作用による変容が，個別的なホロニカル的存在の振る舞いからは予測できないような"こころ"全体の変容を創発することが可能と考えることができます。

ホロニカル的存在は，物質による作用なのか，精神による作用なのか，またそのいずれでもあるのか，いずれでもないのかを問うことは，哲学的にも，科学的にもとても難しいテーマです。しかしながら，今・ここで，何らかの出来事がホロニカル的現象として，さまざまな名を与えられたホロニカル的存在が現象学的に生成消滅的に起きていることだけは確かです。しかし，名の与えられた一切の事物に何か本質的なものであるとか，アリストテレスのいう「形相」「質料」からなる「もの」にあたるものがあるかどうかを証明し尽くせません。その結果，世界は，何か名づけられるようなホロニカル的存在が生成消滅する無常の世界であるのはどうも確かなようだという世界観になります。

こうしたあたかも宗教的世界を語っているかのような世界観については，21世紀になって盛んになっている複雑系科学で積極的に取り上げられてきた非線形理論的なモデルとも相似的です。

もはや近代科学的な因果論や線形理論による論理だけでは心理学は限界です。しかし，"こころ"の現象を複雑系のパラダイムを使って考えていくならば，生きた人間の"こころ"を捉えるのにもっと適切ではないかと思われるのです。ホロニカル・アプローチでは，自己組織化，カオスの縁，複雑系，などの概念を使うことによって複雑な心理臨床の原論的なモデルの構築が可能ではないかと提起します。同じような観点は廣瀬幸市にも見られます。廣瀬幸市は，「複雑系から見た心理療法」という観点から早くから果敢に心理療法基礎論を

意味づけようとしています（廣瀬，2007）。

　全宇宙のあらゆる出来事はホロニカル的現象といえると思われます。

　量子というミクロからマクロの全宇宙に至るあらゆる出来事のすべてが重々無尽に複雑に絡み合っていますが，その中から何をホロニカル的存在として取り出すかは，観察主体の識別作用と観察主体が内在化しているホロニカル主体（理）によって決まっていきます。またホロニカル的存在同士の相互包摂・相互限定は，自己言及的自己再帰的にさらなる新しいホロニカル主体（理）を創発し続けていきます。

　「存在」といっても，あるホロニカル的存在は，他のホロニカル的存在との重々無尽の相互包摂による複雑な絡み合いの中で絶えず生成消滅するもので，固有の本質的な存在ではなく，出来事として常に変化していくものです。

　頑固な心的問題には，陰のホロニカル的存在ばかりに観察主体が視野狭窄的，近視眼的になって執着してしまっています。陰のホロニカル的存在を包摂する適切なより大きなホロニカル的存在が不在になっている状態といえます。

　陰のホロニカル的存在とは，ホロニカル的存在の中に包摂されるＡ，Ｂ，Ｃ，Ｄ，Ｅ，Ｆ……と無限に続く中でも，例えば，Ａという陰性の部分ばかりが顕在化し，あとは潜在化してしまっている状態といえます。

　また嫌なことなど一切忘れるばかりでなく，まさに我を忘れて何かに無我夢中になっている時などは，陽のホロニカル的存在に，観察主体が一体化しているといえます。

　陽のホロニカル的存在とは，ホロニカル的存在の中に包摂されるＡ，Ｂ，Ｃ，Ｄ，Ｅ，Ｆ……と無限に続く中でも，例えば，Ｂという陽性の部分ばかりが顕在化し，あとは潜在化してしまっている状態といえます。

③ホロニカル体験

　忘我して，自己と世界が無境界となって，すべてをあるがままに一如的に体験している時のこと

を，ホロニカル・アプローチでは，「ホロニカル体験」と呼びます。

　忘我奪魂のうちに，あるがままの世界が，なんら曇りなくあざやかに叡智の光に照明されるようにして立ち現れてきます。こうした感覚は，私が世界を見ているという感覚がないため，あたかも世界が（私を通して）世界自身を見ているような感覚となります。現実主体（我）の意識が無我状態になったために起きます。観察主体が観察対象との間の分断がなくなり，観察主体と観察対象が一致し，ホロニカル主体（理），現実主体（我）と自己および世界との区分がなくなり，すべてが直接体験そのままになった時といえます。「自己と世界」「我と汝」「内的世界と外的世界」「無意識と意識」の境界が超越され，目の前の万物が一切同時現成する境地となります。

　ホロニカル体験は誰にも瞬間的にはいつでも起きている現象ですが，多くの人は自覚なく生活しています。また自覚できたとしても，観察主体という私に関する意識がほんの瞬間でも働くとホロニカル体験は意識の背景に遠のいてしまうため，ほとんどの人には持続が難しいといえます。

　しかしながら，ホロニカル体験は，新たなホロニカル主体（理）を自己の発達とともに発見・創造または創発し続け，自己と世界の一致の全一体験の実感と自覚と持続を深めていくことができます。そして，究極的には「IT（それ）」の実感・自覚を深めることになります。

　ホロニカル体験時には，人生の些細な苦悩や煩悩が，自己と世界が全一となった感覚によって包まれ恍惚と至福に変容します。こうしたホロニカル体験の累積が，自己と世界の不一致からくる生きづらさから人を守る基盤となります

　ホロニカル体験は，悟りを開いたとされるレベルでは，あらゆる対立・矛盾が消えてしまい，すべてが「IT（それ）」＝「絶対無」「空」の境地に包摂され肯定されます。

④自己組織化

20世紀後半に登場しノーベル化学賞を得たプ

リゴジン（1917-2003）は，平衡から遠く離れた非平衡状態では，混沌から秩序が形成される構造を「散逸構造」と呼び，こうした散逸構造では，系内部の小さな"ゆらぎ"が増幅されて，ある分岐点を超えると，自発的自己組織化が起きて，新しい秩序を作ることを明らかにしました（Prigogine & Stengers. 1984）。エリッヒ・ヤンツ（Jantsch, 1980）は，ミクロの世界からマクロの世界に至るまで，自己組織化のパラダイムを使って，宇宙の姿を明らかにしています。同じようにスチュアート・カウフマン（Kauffman, 1995）も，複雑なシステムの理解においては，単純な部分や要素に分解していく要素還元主義的理解や自然淘汰理論による理解では限界のあることを指摘し，宇宙を貫く複雑系の法則としての自己組織化の論理の有効性を提起しています。

　自己組織化とは，無秩序に向かう自然界の流れ（熱力学第２法則）に逆らい，生命現象や社会の成立プロセスのように，混沌状態から複雑な秩序だった構造が自律的に形成されていくことです。

　ホロニカル・アプローチでは，自己も，自己と世界の出あいの中で，混沌としていた自己自身が世界との一致を求めて複雑な構造を形成しながら自律的に自己組織化していくと考えています。

　絶対無自身が絶対有としての宇宙を自己言及的に自己創出し，万物および人からなる世界を自己組織化してきたと考えられるのです。

　宇宙，生命，社会，自己を複雑系の観点から扱う小林道憲は，「自己言及システムは，どのようなものであれ，自己観察の能力をもっている。もともと，宇宙そのものが自己観察系である。この宇宙は，銀河を生み出し，星を生み出し，惑星を生み出し，そこに生命を生み出し，動物や人間など，世界を認識し観察する能力をもった生き物を生み出した。それは，宇宙の限りない自己形成の表現なのである」（小林，2000）と語り，ホロニカル・アプローチと同じ視点です。

　自己観察系の宇宙が宇宙自身を観察対象として自己言及的に多様な世界（あらゆる事象や自己および万物）を自己創出し続けているのです。宇宙と万物の関係は，一即多の関係にあるのです。自己は創造的世界の多の中の一として自己組織化され，自己組織化された有限の自己は，その生涯を通じて，世界との不一致・一致の直接体験を自己言及的に自己観察しながら，できるだけ世界（全体）を自己（部分）の中にホロニカル的に取り込みながら自己を自己組織化しようとしているのです。

　自己と世界の不一致・一致の直接体験の自己言及的自己観察は，観察主体と観察対象（自己および世界）に置き換えられます。そして観察主体による観察対象に対する自己言及的自己観察の影響は必ず自己再帰的に自己自身に跳ね返り，自己の自己組織化に影響しています。特に内省・分析・洞察能力にすぐれた能力をもつ人間の場合は，他の生命とは異なり，観察主体と観察対象（自己と世界）の関係をめぐる自己言及や自己再帰的循環の結果を，自己自身や世界の自己組織化に生かすことができます。

　例えば，ホロニカル・アプローチ的表現で例示すれば，外我が観察主体となって観察対象として内我を自己観察していた時，これまでの外我を観察対象とし，これまでの内我を観察主体とするなど，両者を入れ換えての対話を実施することで，新たな外我と内我の関係が創発されて，新たな自己の自己組織化を促進することができます。

　また観察主体（外我）と観察対象（内我）の関係を，新たな自己超越的な視点（ホロニカル主体：理）から観察し，観察主体と観察対象の関係自体の変容を促進することも可能です。

　こうした自己の自己組織化のプロセスは，自己が自己と世界の一致を求めて，もともとの全一性だった原点に向かっていくような円環的なものとなります。

　自己組織化の原理が，ホロニカル主体（理）です。

⑤フラクタル構造

　微少な部分と全体とが自己相似的な構造をもっていることを「フラクタル構造」と複雑系の科学で

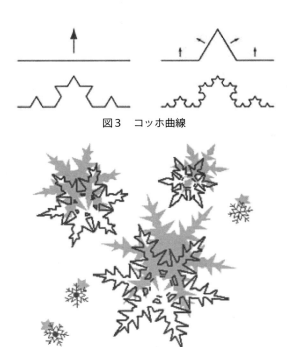

図3　コッホ曲線

図4　雪の結晶

はいいます。フラクタル構造の例としては，よく海岸線をモデルにして用いられるコッホ曲線（図3）が引き合いに出されます。雪の結晶（図4）もそうです。精神療法で異彩を放つ神田橋條治もフラクタル構造（神田橋，1996）に注目しています。

同じ苦悩を反復する人には，自己および世界との関わりをめぐってさまざまな悪循環パターンの反復が見られます。不適切なフラクタル構造が見いだされるのです。

しかし，そうした時でも，取り扱い可能な小さな悪循環パターンの変容から取り組み，小さな変容を根気よく積み上げていくと，氷が水になったり，水が水蒸気になるように，やがて大きな心的変容が可能です。熱力学では，「相転移」と言われています。また，メロディの一小節を変えるとメロディ全体の相貌が変わるような現象，将棋の一駒の動きでその全局面が一変するような現象，口もとの微かなゆるみが顔全体の相貌を変えるような現象は，「共変変化」（黒崎，2009）と言われています。ホロニカル・アプローチにおけるフラクタル構造の変容の心理機制は，自己のある部分の変化が自己全体に対して共変変化する現象と同じと考えています。

「ある小さな意味のある変化」が起爆剤となって，やがて共変変化を引き起こし，多層多次元にわたる不適切なフラクタル構造が，これまでとは全く異なる新しいフラクタル構造を自己組織化していくと考えているのです。複雑系を扱う科学や哲学では，「創発」現象と言われています。

⑥自己照合システム

自己は，複雑で変化の激しい社会的文脈に応じるために，合理的で柔軟性のあるもっとも効率的な自己言及的な自己照合システムを形成しようとします。

自己照合システムは，気分ごとに，ホロニカル主体（理）と結びつきながら，内我と外我の関係のあり方の自己組織化に影響します。そして内我と外我の関係の自己組織化は，自己，現実主体（外我，内我），ホロニカル主体（理）のもっとも効率的で合理的な情報処理システムを"こころ"の多層多次元にわたるフラクタル構造として形成していきます。そのプロセスが個性的な心的構造としての脳の神経学的ネットワークを構築していくと考えられます。

何らかの理由で，自己照合システムが柔軟性を失い，悪循環するフラクタル構造的自己照合システムしかもたなくなると，適切な自己組織化は停止・停滞してしまいます。

観察主体と観察対象をめぐる経験のすべては直接体験のうちに刻み込まれ，自己は，直接体験を手がかりに効率的で機能的なフラクタル構造をもった自己照合システムを創りだそうとします。

緊張，弛緩，不安，絶望，怒り，悲しみ，空しさ，喜びなど，直接体験の抱く「ある気分」が，今後，自己がどのように振る舞うべきかを決定する自己照合システムをつくりあげていく心的エネルギーとなります。自己照合システムとは，「ある気分」と「あるホロニカル主体（理）」との結びつきと言い換えられます。緊張は緊張と結びついた論理や思考の枠組みを構築するのです。不安は不

安と結びついた論理や思考の枠組みを構築するのです。絶望は絶望と結びついた論理や思考の枠組みを構築するのです。喜びは喜びと結びついた論理や思考の枠組みを構築するのです。

"こころ"の多層多次元にわたるフラクタル構造をもった自己照合システムは、特定の気分が刺激となって、過去の同類の気分の刺激によって構築してきた自己照合システムを作動させます。フラッシュバック現象も自己照合システムの神経学的な自動的スイッチ・オン現象といえます。

自己と世界の一致の陽性感情をもたらす最も効率的で機能的な自己照合システムは、いずれ自動化し無意識化していきます。逆に自己と世界の不一致の陰性感情をもたらす最も非効率で非機能的な自己照合システムも迅速にそうした出あいを回避するために自動化し無意識化します。

自己照合システム同士は、自律性を相互に保ちつつも相互ネットワークを形成していきます。しかし、社会的文脈によっては、自己照合システム同士の対立・矛盾が起きます。こうした時、自己は、できるだけ自己の同一性を保とうとして、異なる自己照合システムに通底するいまだ未発見の気分を自己組織化のエネルギーとして、新たな相互ネットワークを創り出そうとします。その結果、より複雑な情緒を基盤とした、異なるホロニカル主体（理）同士を統合する新たなホロニカル主体（理）が発見・創造されます。

しかしながら、ひとつの新たな気分を構成できない場合には、気分ごとに異なる自己照合システムが次々と急速に作動し、とても不安定で揺れ動く状態になるか、激しく行ったり・来たりの両価的な状態に陥ることになります。

逆に、自己照合システムが作動してしまうぎりぎりまで遡れば、あらゆる気分が初動する寸前の「未発動状態」に行き着きます。"こころ"が"ゆらぎ"だし、ある気分が立ち上がってくる前の刹那は、「意識と存在の0ポイント」（井筒，1993）や、大乗仏教のいう、「空」にあたります。

もし、「意識と存在の0ポイント」や「空」を基盤とする自己照合システムができればまさに煩悩

はなくなりますが、そうは簡単にはいきません。

⑦気分

気分，感情，情緒という感性的なるものについての定義には、いろいろありますが、ホロニカル・アプローチでは、自己の発達とともに、感性的なるものはホロニカル主体（理）という理性的なるものと結びつきながら、気分，感情，情緒の順で複雑化し、その都度、効率的で機能的な自己照合システムを形成していくと考えています。こうした複雑化の源はすべて「気分」とホロニカル・アプローチでは考えます。気分とは、自己と世界との不一致・一致の出あいの場に付随する身体的自己が抱く直接体験における情動を含む根源的な気の流転のことで、身体感覚を伴った情緒的質感のことです。自己と世界の出あいの場において、両者が一致する状態から不一致に転じる瞬間に抱く仄めく"ゆらぎ"が気分を形成します。

気分と内我と外我の関係を述べれば、最初に気分を直覚する主体は内我（内的現実主体）です。

ホロニカル・アプローチでは、外我は内我が直覚する気分など感性的なものをコントロールするためにあるのではなく、外我は内我が直覚する気分を理解するためにあると考えます。そして外我と内我が協働的な対話軸を形成する時、より適切な自己照合システムができていくと考えます。

言葉やイメージも、根底には何かを表現したくなるような気分をもっています。気分からさまざまな言葉やイメージが誕生するのです。

物事を理解するためには、気分の了解が大切です。気分の了解なき理解は、すっきりしないものです。支援の場では、被支援者の「気分のゆらぎ」に対して支援者が共振的関係になっていくことが大切になります。被支援者は、「気分のゆらぎ」に対する支援者との同期的共振体験を得て、それまでの自己と世界の出あいの不一致感をより一致する方に向かって自己を自己組織化する可能性を高めていくことができます。

チオンピは、思考や行動に対する「感情のオペレイター作用」を指摘し、「心理的な臨界状態（危機

／分利状態）においてきわめて微細な原因によって引き起こされる大きな変化や，その他の予測不可能な奇妙な状態変化というものも，カオス論的な見方をとることによって，これまでより理解しやすくなる」と，「フラクタル感情論理」（Ciompi, 1997）を提起していますが，生きづらさを契機に新しい生き方を発見・創造できるとするホロニカル・アプローチの捉え方と極めて似ています。

　また心理療法統合に貢献するカナダのレスリー・S・グリーンバーグも，「感情が，思考，意思決定，行動に最も大きな影響を与えること，そして情動調整は，人の主要な動機づけであるということは現在では疑いがない」（Greenberg, 2006）と，やはり感情のもたらす影響の大きさに注目し，「エモーション・フォーカスト・セラピー」（Greenberg, 2011）を提唱しています。

　ホロニカル・アプローチでは，気分（感情）とホロニカル主体（理）は自己照合システムとして深く結びついており，気分（感情）の変化がホロニカル主体（理）の認知・思考にあたる部分の変容にも影響すると考えます。

　また大切なポイントがあります。ひとつの気分は一つの自己照合システムを自己組織化しますが，人は基本的には一つの気分のうちにしかいられないということです。仮に異なる気分が入り交じったように見えたとしても基本的には新たな気分が構成されたことによる新しい自己照合システムの登場か，さもなくば異なる気分による異なる自己照合システムの急速な交代劇のいずれかと考えられます。後者に関しては，乳児や重篤な精神疾患をもつ人など，観察主体の統合性が未確立や脆弱な場合などでは，内・外のちょっとした刺激で気分が著しく変化する現象として確かめられます。

　また，こうした考え方は，「フラクタル感情論理」を提唱するチオンピの次の指摘にも見られます。「人はつねにただ『一つ』の感情的基本気分のうちにしかいられない，という事実である。その基本気分が，微妙に混合したものであるように見えたり，過去の他の感情の記憶になお影響を受けているように見えたりすることはあっても，やはり

この事実は動かせない。私たちのように感情を全体的な心身の状態ないし情態性と定義しておけば，このことはすでに自明のこととも言える。一つの全体的な心身の状態は，別の全体的な心身の状態とは同時に存在するはずがないからである。心臓は速く打つか遅く打つかのどちらかであり，筋肉（あるいは特定の筋群）は緊張するか弛緩するかのどちらかであり，瞳孔は開いているか閉じているかのどちらかであり，皮膚や他の身体部位の血行は良いか悪いかのどちらからである。両方であるということはありえないのである。こうしたことから言えば，混合気分，気分の不安定，両価性などと呼ばれているものは，固有の色合いを持った（一つの）全体的な状態／調子であるか，あるいは（複数の）異なる気分状態の間の急速な交代であるかのいずれかであると考えられる」（Ciompi, 1997）。こうした考え方は，ホロニカル・アプローチと極めて相似的といえます。論理は気分によって構成されると考えられるのです。

　現代社会のように加速度的に変動していく社会にあっては，どうしても人と人の当たり前の感覚の差異が拡大します。ローカルなところでは共有できる当たり前や常識が，お互い場が変わった途端これまでの当たり前や常識がまったく通じなくなるのです。こうした感覚のズレは，人々をとても不愉快な気分にさせます。場における共感不全の行き着くところは，お互いがキレて傷つけ合うという展開に至ります。また憤怒は，場を共有する他の人たちにも情動感染していきます。こうした悪循環パターンが自発自展しだすと，どこかでその悪循環を断ち切らない限り，ますます場全体が混沌としていきます。社会集団とか組織も場の特有の気風と論理をもっているものです。

　場が危機状態に陥っていく時は，気分も論理もすべて不一致化していきます。不愉快な気分によって構成される論理は，いかに表向きは理性的な論理の装いをもっていても，論理の中にはどうしても外罰性や他罰性を含みます。その結果，お互いの溝をさらに深める結果に陥ります。

　しかし，そうした危機の時こそ，もしも論理以

Holonical Approach

上に気分の一致を模索するとどのような展開が予測されるのでしょうか。どうも案外，気分が一致した分だけ，新しい論理や妥協案が創造されたり，創発される現象が散見されるのです。気分の一致が論理の一致に先行する時は，お互いが論理の不一致による不確実性への耐性力が身につき，次第に新しい論理を発見・創造する気持ちになっていくのです。もうこれ以上，傷つけ合うことは辞めようという気分が場に布置する時，そこから新しい論理が発見・創造されるという現象が世の中には案外あちら・こちらにあるのです。

　人間は確かに理性的存在です。しかし，その前に，非理性的な動物的存在でもあるのです。したがって，理性的存在としての人間は，非理性的存在としての人間を制御コントロールすることは難しいけれど，非理性的存在としての人間を，理性的存在としての人間が理解を深めてくことはできます。そうした作業が，人類が生き延びるための智慧につながる筈です。

　気分は，自己と世界の出あいの場において，場における自己とあらゆるホロニカル的存在との出あいに伴う"ゆらぎ"を身体的自己が行為的・直観的に感じるところに発生します。

　ホロニカル・アプローチでは，宇宙のあらゆる事物は，何一つ本質的なものなどなく，すべては一瞬・一瞬のホロニカル的存在の生成消滅による非連続的な出来事のホロニカル関係によってなりたっていると考えます。すべては，言詮不及の無限の「IT」といえる「絶対無」（空）の世界が，自己にとっては多層多次元な世界となって感得されているのです。この時，多層多次元な世界とは，ホロニカル主体（理）による識別によって表現されるホロニカル的な存在のことにほかなりません。私たちは，もともと言葉で表現することができない出来事に対して，粒子，電子，分子，細胞，人，犬，家，悲しい，うれしい，神・仏などとホロニカル主体によって名を与えることによって多層多次元な重々無尽の世界を創り出しているのです。

　仏教では「一即多」と表現される関係です。

　自己もホロニカル的存在です。気分とは，ある

自己が自己と世界の出あいの場において，他のあらゆるホロニカル的存在との関係に関して身体的自己を通して感じるフィーリングといえるのです。

　自己にとっては，場における気分の善し悪しが，自己の自己組織化に多大な影響を与えます。

　廣瀬幸市は，自説の「場所論的心理療法モデル」について論じる中で，「クライエント（あるいはセラピスト）というシステムでは，潜在的身体が顕在的身体とともに顕在的身体において働く，つまり顕在的身体をいわば『器官（チャンネル）』としながら作用している，と見ることができる」（廣瀬，2009）と心理療法の場にけるサトル・ボディ＊の次元での重要性を述べています。

　不一致とは，自己と世界との出あいをめぐって自己が生きる場において，あらゆるホロニカル的存在同士のホロニカル関係を自己が自己組織化することが困難な方向にあることです。それに対して，一致とは，自己と世界の出あいをめぐって，自己が生きる場において，あらゆるホロニカル的存在同士のホロニカル関係を自己が自己組織化する方向にあることといえます。不一致・一致は，このように動的に流動的に捉えることが大切です。

⑧実感と自覚

　明治以降積極的に西洋から日本に取り入れられてきた心理学は，"こころ"の現象を対象化し，内省したり，分析したり，洞察したり，観察してきました。こうした観察主体が"こころ"の現象を観察対象として観察するという視覚的な構図は，「近代的自我（個我）が，こころの現象を意識化する」ことを重視するパラダイムの上に成り立っています。

　しかし，西洋的心理学が取り入れられる以前の日本では，"こころ"の現象をあるがままに実感することを重視し，"こころ"を対象化することを忌

＊サトル・ボディ：現代人が，失いつつある身体感覚ともいえますが，古い時代にはあったと思われる身体に対する捉え方。現代人が通常意識で認識している身体という概念とは異なり，とても繊細で見ることができないものの，ヨーガなどの修行を通じて感得できるような身体のことです。経絡，ツボなどの捉え方はサトル・ボディの捉え方が根底にあります。

避していたといえます。いやむしろ，自己鍛錬としても，自己と世界が無境界となる触覚的覚醒が重視されていたといえます。日本では，"こころ"は学問の対象ではなく，心身一如の無の境地を極める修養・鍛錬のテーマだったといえます。

現代日本人は，"こころ"のとらえ方や"こころ"とのつきあい方が随分欧米化したといえますが，それでも日本人の心底には，日本的な"こころ"の特徴がみられます。

ホロニカル・アプローチでは，西洋の近代的我も重視しますが，直接体験の「実感」と「自覚」も大切にします。

絶対的真理の論理を導き出す哲学でもなく，内省的体験の極致に絶対的主体に救済を求める宗教でもなく，ましてや普遍的法則を導きだそうとする科学でもなく，個の直接体験の「実感」と「自覚」に基づいて自己と世界の「不一致と一致」にあって，少しでも両者の一致を求めるのがホロニカル・アプローチの立場です。

⑨鏡映的反射（応答）と共鳴的反射（応答）

ホロニカル・アプローチでは，被支援者の言動に支援者が応答する時，観察主体が観察対象を分析・識別することを強化するための応答を「鏡映的反射（応答）」とし，観察主体が観察対象を直覚することを強化するための応答を「共鳴的反射（応答）」として両者を区別します。

共鳴的反射（応答）は，内我の成立や強化を促進します。それに対して鏡映的反射（応答）は，外我の成立や強化を促します。

自己は，自己と世界の不一致・一致の直接体験を，適切に共鳴的に反射したり，適切に鏡映的に反射する他者を得て，適切な内我と外我を発達させていくことができます。

通常，こうした他者は，重要な保護的存在です。適切に共鳴したり鏡映してくる他者がないと，適切な現実主体（我）が育たないのです。

⑩共感

「共感」とは，支援者側に被支援者に対して共鳴的感覚と鏡映的感覚が同時に生じてくる現象です。共感は，支援者が被支援者に対して，共感しようとしてできるものではありません。共感とは，お互い独立した存在でありながらも，被支援者の直接体験と支援者の直接体験が一となるような関係になった時に，自ずと場に創発されてくるものです。「共感」は，「するものではなく」，「生まれてくるもの」といえます。

ホロニカル・アプローチでは，被支援者と支援者との共感による一致と共感不全による不一致を共に丁寧に扱います。決して，共感だけを重視しないのが特徴といえます。

被支援者と支援者が，お互いに共感的関係を真摯に求めあったとしても，実際には一致と不一致が繰り返されます。だからこそ，面接の場が安全で安心できる場である限り，被支援者と支援者は，共に両体験のせめぎ合いのうちに自己と世界の一致を求めて自己を自己組織化させようとしはじめるのです。こうした姿勢が成立した時，真の共感関係が場の中から創発されてくるのです。

一致とともに不一致を丁寧にあつかうことが大切といえるのです。

⑪差異の明確化

長く悪循環パターンが続いていた状態から，やっと何らかの微妙な変化を感じだした時，何が前との違いをもたらしたのか，改めて整理すると変容を血肉化させることができます。

こうした作業を，ホロニカル・アプローチでは，「差異の明確化」と概念化しています。

たとえ小さな変化でも，過去と今現在との「差異の明確化」を丁寧に実施しておくと，その後の変化をより確実にします。なんとなく変化したという曖昧な状態よりも，「差異の明確化」を図った方が，差異の実感と自覚が深まり，その後の変容への自信にもつながるのです。

Holonical Approach

第5章

自己の発達

1　自己の発達の段階

発達論には，いろいろあります。しかし，統合的な視点にたって適切な心理・社会的支援を行うために，ピアジェに代表される思考・認知の発達論（Piaget, 1964）と情緒的発達論などを再統合する必要に迫られ，次に示すような発達論が仮説的に構成されてきました。

ホロニカル・アプローチでは，自己は，自己と世界の出あいの不一致・一致を繰り返す中で，まず，あるがままに観察対象を直覚する現実主体としての内我が形成され，その次に観察対象を識別・分別する現実主体として外我が形成されてくると考えます。こうした自己の発達のプロセスは，質的に心的構造の異なる次のような6段階にわたると考えています。この視点は，第6章の「発達論的見立て」でも活用されます。この章では，ごく簡単に要点だけ述べますが，詳細については，拙書，「ホロニカル・セラピー」（定森，2015）を参照ください。

①ゼロ・ポイント

西田幾多郎の「絶対無」，仏教の「空」，井筒俊彦の「意識と存在のゼロ・ポイント」の段階です。

②第1段階：混沌

現実主体（我）は，まだホロニカル主体（理），外我と内我の機能分化も境界もなく，すべてが「混沌」状態です。

◆誕生後数カ月の段階は，意識の中心といえる現実主体はまだ核すらなく，すべては感覚運動的に直覚され，自己と世界，内界と外界，意識と無意識，自己と非自己（世界や保護者など）の境界も混沌としています。自己と世界の不一致・一致を意識する主体もありません。この時は，ホロニカル主体（理）も混沌の中に包摂されています。

③第2段階：融合

・現実主体

　内外融合的主体：外我と内我がまだ機能分化しておらず融合的な主体

・ホロニカル主体（理）：原初のホロニカル主体（理）は内外融合的主体に内在化される

・自己と世界の一致時：慈悲的な心的世界

・自己と世界の不一致時：苛烈な心的世界

◆おおむね8カ月前後頃までに，自己と世界の出あいの不一致・一致の繰り返しのうちに，次第に不一致の瞬間における身体的自己と身体的自己外の外的対象と触覚的な差異を感知する原初の現実主体として「内外融合的主体」が機能的に結実し，その認知機能としても「対象の永続性」が獲得されてきます。この時，重要な保護的存在が，ある情動やある対象について共鳴的に共振してくれると，世界は「慈悲にあふれる天国」となり，逆に少しでも波長がずれると世界は「苛烈な地獄」と化します。重要な保護的存在が，「原初のホロニカル主体（理）」として体験されているわけです。この感覚は，現実主体が外我と内我に機能分化した後にも痕跡として残ります。

この時期から，重要な保護的存在から天国と地

獄の経験をほどよく包摂されれば，世界への基本的信頼が獲得されだします。

④第3段階：幻想
・現実主体
　外我：内外融合的外的現実主体
　内我：原初の内的現実主体
・ホロニカル主体（理）：幻想的ホロニカル主体（理）は内外融合的外的現実主体に内在化される
・自己と世界の一致時：慈悲的な心的世界
・自己と世界の不一致時：支配的な心的世界

◆おおむね3歳前後までに現実主体は，外我と内我に機能分化しはじめていきます。まず，外界に適切な保護的対象を得て適切に自己自身を照らし返された自己は，自己と世界の不一致・一致をめぐって瞬間・瞬間に生成消滅する断片的な直接体験のすべてが，同じ身体的自己における現象であるという表象をもちはじめます。その結果，内我が外我に先行する形で「原初の内的現実主体」が結実しはじめます。

3歳前の内的現実主体は幻想的な非言語的な表象活動が中心的です。この段階では，外我に先行して成立した「原初の内的現実主体」によって意識される世界が内的世界のすべてとなり，それ以外は，非自己なるものとして外界にすべて分裂排除されます。その結果，原初の内的現実主体は，誇大的で万能的な様相を帯びます。分裂排除されたすべては，内外融合的外的現実主体を形成します。

この時期のホロニカル主体（理）は，幻想的な非言語的なイメージや表象活動が中心であり，内外融合的外的現実主体に内在化されます。その結果，自己と世界が一致の時は，自己と世界は一体化し天国となりますが，不一致の時は，原初の内的現実主体にとって都合の悪いことのすべては，本来自己自身が抱いた憤怒であっても，あたかも外界から支配してくるようなものとして迫害的に体感されます。

⑤第4段階：他律
・現実主体

外我：他律的外的現実主体
　内我：内的現実主体
・ホロニカル主体（理）：既知のホロニカル主体（理）は他律的外的現実主体に内在化される
・自己と世界の一致時：慈悲的な心的世界
・自己と世界の不一致時：批判的心的世界

◆おおむね3歳前後以降，言葉による象徴的理解の発達とともに内外融合的外的現実主体は，他律的外的現実主体と非自己化された外界（世界）の2つの世界に識別されるようになります。その後，他律的外的現実主体は，言語を媒介とする自己が所属する文化の既存の価値の影響を受けた既知のホロニカル主体（理）を思考能力の発達とともにどんどん内在化していきます。こうして言語による森羅万象の認識や識別が外我の中心的活動になっていきます。ごっご遊び，○○のつもりになるといったことが可能になりはじめます。

2歳半～3歳にかけて，大小・長短・美醜などの二次元的比較ができるようになると，内的現実主体自体を観察対象とする他律的外的現実主体が芽生えだします。すると自己自身を他から識別して実感・自覚するようになり「私」という主語的意識が芽生えてきます。主語的主体の意識の目覚めは，第一反抗期をもたらします。しかし思考の能力は前論理的で直観的であり自己中心的です。

7～9歳位になると，具体的事物についての論理的操作ができるようになります。それに伴いそれまでの自己中心的世界の脱中心化が進み，ちょっとしたルールや他者の視点から物事を理解することができるようになります。こうして，他律的外的現実主体は，既知のホロニカル主体（理）を取り込みながら，内的現実主体を自己制御しながら，さまざまな出来事の関係や体系に関する認識を深めていきます。ただし，その生き方は既知のホロニカル主体（理）に対して受動的です。

⑥第5段階：自律
・現実主体
　外我：自律的外的現実主体
　内我：内的現実主体

Holonical Approach

・ホロニカル主体（理）：創発的ホロニカル主体（理）を自律的外的現実主体自身が発見・創造する
・自己と世界の一致時：慈悲的な心的世界
・自己と世界の不一致時：悲哀の心的世界

　◆思春期頃になると，言語や記号による抽象的な論理の操作能力を獲得しはじめます。そうした能力の獲得とともに自己は，既知のホロニカル主体（理）が，内的現実主体にとってむしろ生きづらさをもたらす場合もあることに気づくようになります。他律的外的現実主体に自己制御されていた内的現実主体が，自己と世界の出あいの不一致・一致の直接体験を自己照合の手がかりとして自己主張しはじめたといえます。こうした変容は，第二反抗期と言われる混乱を一時的に引き起こす場合もありますが，次第に他律的現実主体は，内的現実主体と適切な対話軸をもった自律的外的現実主体に時間経過の中でゆっくりと移行していきます。そして自律的外的現実主体は，より生きやすさをもたらすような新たなホロニカル主体（理）を時として自ら創発するようになります。

　新たなホロニカル主体（理）は，高次化すればするほど限りなく，「IT（それ）」に近づきます。

⑦第6段階：IT（それ）

　一旦「IT」を発見すると，ホロニカル体験に伴う「IT」発見の度に，自己と世界のホロニカル関係（縁起的包摂関係），"こころ"のホロニカル性や，すべての出来事が一即多にあることの実感・自覚を深めていくことが可能となります。

2　重層的発達

　原則，前段階は発達の次の段階に包摂されていきます。しかしながら，自己が心的危機に陥ったり，何かの障害が契機となり，前段階に後戻りすることがしばしばあります。また，"こころ"は多層多次元な顕れを示す存在ですから，ある層やある次元の発達段階と，別の層や別の次元の発達段階がまったく異なるという現象も見られます。

　支援の場においては，外我と内我をめぐる自己の全体は，さまざまな発達段階が重層性と幅をもって同時・併存的に存在すると考えた方がよいと思われます。

　特に自己と世界の不一致の累積体験によって形成された，"こころ"の多層多次元の特定の層や特定の次元のある問題（あるホロニカル的存在）に対しては，もっとも低次な発達段階に停滞・固着したままの外我と内我をめぐる悪循環パターンを発見することができます。そして，頑固な問題ほど，外我と内我の低次の悪循環パターンを，"こころ"の他の層，他の次元に発見することができます。逆に，自己と世界の一致によるホロニカル体験時には，もっとも外我と内我の高次レベルの発達段階を確認することができます。

3　自己と場（生活環境）との関係

　発達段階は重層的かつ幅があるため，場が異なると，まったく異なる自己の発達段階の外我や内我が出現します。しかしいずれの段階でも自己と世界の一致の直接体験は，外我と内我の一致を促進します。したがって，生活の場が安全で安心できるところであるかどうかについては，自己の発達段階がどの段階にあっても自己の最大関心事となっています。

　脳の器質障害や機能障害があると，発達段階の節目ごとの移行でつまずきやすく，場合によっては，次の段階への移行が困難となります。しかし，そんな場合にあっても，生活の場が，一貫性をもち，安全かつ安定しており，信頼がおけるような，"ほどよい環境"の場合には，内的現実主体は，自己と世界の一致のホロニカル体験を累積しやすく，外我との関係も一致しやすくなり，とても豊かで安定した社会生活を送ることができます。

　20年以上にわたる知的障害や重い発達障害をもった人たちとの交流を通じて思うことは，人は障害の有無に関係なく，いづれの発達段階においても，幸せをいつでも体感することはできるということです。

第6章

ホロニカル・アプローチの方法

1　生きづらさ（苦悩）の意味と扱い方

　観察主体が"こころ"の内・外の現象について，いかなるものを観察対象として識別するかは，観察主体が内在化しているホロニカル主体（理）の識別基準によります。しかし観察主体が何らかの事象を観察対象として識別した途端，観察主体と観察対象との一致によるホロニカル体験は破れ，両者は不一致の関係になり，重々無尽に識別された多層多次元な世界が立ち顕れてきます。

　識別は意識的に行われることもありますが，ほとんどの場合，瞬間・瞬間半ば自動的に行われています。識別基準は，所属する社会の文化が使用する言語の働きによります。物の名であったり，記号であったり，概念であったり，感情を意味する言葉であったり……言葉や記号でもって識別されたものが観察対象となります。観察主体と観察対象と一体化しているホロニカル体験時以外は，観察主体が森羅万象を識別し多層多次元な世界を創り出しているわけです。

　したがって識別された多様な世界とは，本来はもともと「一」の世界であったものが，あたかも多の集まりであるかのようなものとして識別された「再構成された世界」といえます。このように「一」でもあるにも関わらず，「あたかも部分的な要素のように振る舞うものとして識別されたもの」をホロニカル・アプローチでは，「ホロニカル的存在」と概念化しています。ホロニカル的存在とは，ミクロからマクロにわたるホロニカル的存在同士のホロニカル関係の中からあえて識別したある部

分的要素ということになります。

　ところが，識別された特定のホロニカル的存在が他のホロニカル的存在とホロニカル関係を持てなくなる時があります。

　「苦悩とは，ある特定のホロニカル的存在が他のホロニカル的存在との自発自展的なホロニカル関係の自己組織化から阻害された現象」と言い換えられます。そして頑固な苦悩ほど，"こころ"の多層多次元にわたって悪循環パターンが発見されるのです。

　幼少時期に父親に抱いた恐怖感（陰のaというホロニカル的存在）が，学齢期においては，先輩ややんちゃっぽい子への苦手意識（陰のaを含むbというホロニカル的存在）になり，そのうち社会人になってからは上司や先輩との対人関係のコンプレックス（陰のabを含むcというホロニカル的存在）を形成し，そのうち社会全般への恐怖心（陰のabcを含むdというホロニカル的存在）となり，夜に悪夢（陰のabcdを含むeというホロニカル的存在）にうなされるようになり，不眠症状（陰のabcdeを含むfというホロニカル的存在）となり，こうした日々の連続が強い自己否定感（陰のabcdefを含むgというホロニカル的存在）となり，自殺念慮（陰のabcdefgを含むhというホロニカル的存在）を抱き，医師によって鬱状態（陰のabcdefghを含むiというホロニカル的存在）と診断されるに至るなどは，"こころ"の多層多次元にわたる頑固な問題の例といえます。

　ホロニカル的存在をめぐる悪循環パターンが"こころ"の多層多次元にわたる場合には，"ここ

Holonical Approach

ろ"のどの層やどの次元でもよいので，もっとも悪循環パターンからの脱出を可能とするような局所的悪循環パターンを被支援者と支援者で絞り込みます。そして，当分の間は，ある次元・ある層での最初の小さな変容に徹し，それが可能となったならば，その小さな変容を丁寧に増幅・拡充していきます。すると，小さな局所的な変容の増幅・拡充は，やがて悪循環パターンのため固定化・停滞化してしまっている他の層や次元に影響し，その後，"こころ"全体の変容につながっていきます。"こころ"があらゆるホロニカル的存在をめぐってホロニカル性をもっているからです。

生きづらさが比較的軽い場合は，ひとつの悪循環パターンの変容で，多層多次元にわたる変容がごく短期間に起きます。例えば，家族関係をめぐる家族的無意識層における観察主体と観察対象をめぐる内的世界の悪循環パターンの変容は，それより上層の個人的無意識層における観察主体と観察対象に影響を与えるばかりでなく，外的世界における家族関係や自己が自己自身に対する認識の仕方の変容につながっていくのです。

ホロニカル関係の自己組織化が阻害されている時とは，特定のホロニカル的存在が，他のホロニカル的存在同士とのホロニカル関係化のプロセス自体から，切り離されていたり，否認されていたり，抑圧されていたりする状態といえます。いかなるホロニカル的存在を，切り離し，否認し，抑圧するかを決定しているのは，気分ごとに形成される自己照合システム同士によるネットワーク化の影響です。強い外傷体験（陰のホロニカル的存在）などは，自己照合システム同士のホロニカル関係のネットワーク化からの疎外と考えられます。背景には神経生理学的テーマが関与していると想定されます。

他のホロニカル的存在とのホロニカル関係を失った特定のホロニカル的存在は，現実主体（我）にとっては，自己違和的なものとして体感されます。したがって，隔離，否認，抑圧，などには現実主体（我）が内在化しているホロニカル主体（理）の作用も深く関与していると考えられます。

もし，観察主体が，特定のホロニカル的存在ばかりに執着すると，他のホロニカル的存在とのホロニカル関係の自己組織化が著しく阻害されます。

実際の支援においては，不一致感は，多層多次元の"こころ"のどこかの次元やどこかの層における"ひっかかり感"として被支援者や支援者によって感知されます。モヤモヤ感，ソワソワ感，イライラ感，不安感，緊張感，行き詰まり感，切迫感……などの自己違和的な"ひっかかり感"が不一致の顕れです。被支援者と支援者が親のことについて対話中……仕事のことについて対話中……自己像をめぐる対話の中……過去の出来事の回想中など，多層多次元にわたるテーマについて対話中に……被支援者と支援者関係の中に起きてくる"自己違和的なノイズのようなゆらぎ"が，不一致の布置した瞬間といえます。

こうした"ノイズのようなゆらぎ"の不一致を精妙に感知し，特定のホロニカル的存在と他のホロニカル的存在とのホロニカル関係の自己組織化の道を被支援者とともに発見・創造するのが適切な支援者の支援といえます。

2　見立て

①発達論的見立て

ホロニカル・アプローチでは，生きづらさに対して，医学的な病理や疾病・障害の分類や診断とは異なる心理・社会的な立場からの見立てを行います。

ホロニカル・アプローチの見立ては，従前の見立て論と比較すると次のような特徴があります。

（1）静止的というより動的。

（2）見立ててから支援方法を選択するのではなく，見立てながら支援方法を臨機応変に変えていくなど見立てと支援方法が常に一体的。

（3）支援者や場の影響などをノイズとして排除し，当事者自身が抱える問題を見立てる因果論的視点からの見立てではなく，支援者や場の影響を含む複雑な現象をできるだけそのままに見立てる。

Holonical Approach

第6章　ホロニカル・アプローチの方法

ホロニカル・アプローチでは，生きづらさには，観察主体と観察対象の関係をめぐる悪循環パターンがあると考えます。悪循環パターンは，どのような観察主体から自己と世界をどのように観察対象としていると悪循環するかのパターンを何か具体的な出来事で明らかにすると，とてもわかりやすくなります。

また執ように反復する悪循環パターンを見立てるためには，第5章の「自己の発達の段階」仮説を積極的に活用すると，悪循環パターンの大枠をよりつかみやすくなります。

発達段階の向上は，年齢による成熟・成長が影響します。が，大人でも外我と内我による反応の仕方が，とても低い発達段階と思われることがしばしばあります。特に心的危機を示す時や，頑固な問題になると，途端に自己の発達段階がより低い段階を示すことが多くなります。自己は常に異なる発達段階を重層的に内包していると考えられるのです。

したがって，発達段階を活用した見立ての場合には，心的危機に陥った場合，普段の場合，もっとも高い段階を示す場合など，各段階の出現率を社会的文脈との関係を含んで見立てた方がよいと思われます。

また，頑固な問題ほど，より低次の発達段階が出現してくる確率が高くなります。しかし，こうした場合でも，ある層またはある次元の悪循環パターンをめぐる自己の発達段階がより高次の段階に移行すると，他の層や他の次元の悪循環パターンの変容を促進する現象が見られます。"こころ"がホロニカル性をもっているからです。そこで見立てでは，ある層，ある次元の代表的な悪循環の発達段階を第5章の「1　自己の発達の段階」を活用して見立てることからスタートします。具体的に事例を使って説明していきます。

〈見立て1〉
第7章2の場面再現法（ホームシミュレーション）を実施した〈事例5〉をまずお読みください。Pさん（小1）およびPさんの家族を見立てると次のようになります。

Pさんをはじめ普段の姉たちの観察主体となる外我は，「自己の発達段階」（第5章の1）の第4段階の「他律の段階」にあります。そして姉妹の他律的外的現実主体（外我）には，しっかりと母親の価値観や母親の抱く父親への否定的イメージが既知のホロニカル主体（理）として内在化されています。そのため姉妹は，父親のことにカウンセラーが触れた途端，母親を理想化し父親の価値を切り下げて父親の存在を否定し「家の外の人」として実に見事に分裂・排除してしまいます。こうした分裂・排除の言動は，蓄積されてきた不満が出現した瞬間といえ，発達段階としては，第3段階の「幻想的段階」への逆戻り現象といえます。姉妹も母親も普段の外我は他律的外的現実主体段階まで達していますが，父親のことに触れた途端，第3段階時期の子どもの頃に抱いていた「父親から十二分なケアを受けた記憶などない」という憤怒が内的現実主体に布置し，「幻想的段階が」面接場面に出現したといえます。

しかし，場面再現法を通じて，母親は，家族関係全体を俯瞰的に見直すことが可能となり，適切な観察主体から自分および自分たちが父親に与えている影響に気づきます。この気づきは，自分たちが日頃何気なくとっている言動の父親の立場からの見直しの契機となります。こうした母親の変容は，第4段階内の古い既知のホロニカル主体（理）から新しい既知のホロニカル主体（理）への斬新的変容といえます。新しい既知のホロニカル主体（理）とは，父親や担任の立場なども取り入れるという視点への変容といえます。

〈見立て2〉
第7章4の能動的想像法を実施した〈事例7〉の夜驚がみられたR君（小3）の事例をまずお読みください。この事例のR君を見立てると次のようになります。

学校生活で友達と仲直りしたR君の普段の日常生活での発達段階は，第4段階の「他律」の段階にあると思われます。しかし，睡眠時など，意識

Holonical Approach

水準の下がった時には，まだまだ外傷性の記憶が根強く残っており，第３段階の幻想的段階がすぐに布置する状態と考えられます。特に，夢の世界では，自己と世界の不一致時に，支配的で幻想的なホロニカル主体（理）の影響が色濃くみられます。それが悪夢を生み出していると考えられます。しかも普段は他律段階にある外我も，面接時に悪夢を想起する場面になった途端，面接時のＲ君の外我は，すぐに内外融合的外的現実主体に逆戻りしてしまっていますから，Ｒ君の内的現実主体がほんの少しでも怖いと思った瞬間，恐怖感は外界に分裂・排除され，そのままＲ君に自己再帰的に襲いかかってくるという状態に陥ります。その結果，単純に夢の続きの能動的想像を求めてもＲ君は自力では新しい物語をなかなか想像すらできません。夢の続きの想像とはいえ，怖いと思った瞬間，Ｒ君の内的世界は強靭な妖怪ばかりが自由気ままに徘徊する心的世界に変貌してしまうのです。

しかし，映画監督法というフレームワークとカウンセラーとの共同研究的協働関係による安全・安心を手がかりにしてＲ君は恐怖と対峙しはじめます。そして次第に内的現実主体は自ら恐怖と対峙しはじめるとともに，他律的現実主体は幻想的段階のもはや不適切となった支配的なホロニカル主体（理）を自ら打ち破って，恐怖を小さくする新しい智慧を発見・創造し，ついに新しい物語を創りだすことに成功します。それは，幻想的段階を脱統合して，自己有能感や自己肯定感をもった新しい自己イメージを既知のホロニカル主体（理）として内在化する他律的外的現実主体の段階に移行していったことを意味すると考えられます。

〈見立て３〉

第７章10の三点法を実施した〈事例14〉のＹさんの事例をまずお読みください。この事例を見立てると次のようになります。

Ｙさんは，自己と世界の不一致にとても敏感で，不一致を感じると，幻想的段階がすぐに布置します。自己と世界の一致時には，外我はなんとか第４段階の「他律」の段階に移行しますが，不一致

になる度にすぐに第３段階の「幻想」の段階に逆戻りしてしまいます。こうなると内我はたちまち誇大的万能的内的現実主体となって外罰的に憤怒しやすくなります。そして憤怒しながら，憤怒のエネルギーは，外我がまだ幻想的で支配的なホロニカル主体（理）を内在化する内外融合的外的現実主体の段階のため，憤怒のすべてが外界に投影されて分裂・排除されます。その結果，内的現実主体がすぐに被害妄想的になり，場合によっては一時的に被害妄想は確信的になる第２段階の「融合」の段階に陥ります。こうした普段から第２～３段階にある人には，共感による洞察や内省はかえって内的憤怒ばかり増幅したり，理想的な他者との一体感を増して依存心を強める危険性があります。そこで，まずは適切な観察主体の樹立や強化および日常生活での生きづらさを少しでも和らげる社会的スキルの獲得が支援の中心になります。

また，Ｙさんのようなクライエントには，外在化技法や三点法を使っての適切な観察主体の樹立や強化を図ることが大切です。

事例では，そうした見立てと技法の組み合わせによって，何度も何度も根気よく，Ｙさんの観察主体強化を年単位で図りながら，幻想的段階から他律的段階への外我の移行を目指しているわけです。

②場の見立て

生きづらさを抱えている人を見立てる時，個人を問題とする視点ばかりでなく，生活の場も合わせて見立てることが重要です。

特に，問題が発生している現場から離れた場での支援ではなく，家庭，地域社会，学校や職場など生活の場における支援では，見立てようとする支援者自身がその場における臨場感を実感しながらの支援が可能です。この時，支援者と他者との関係性や場自体のもつ風土・文化・歴史などを包摂する場の全体を自由無礙に俯瞰しながらの見立てが大切です。さまざまな要因が複雑に絡み合って場が乱れ，次々と心身の不調を訴えだしドミノ倒し現象が起きはじめている時などは，個々の事

例の中に包摂される場のもつ悪影響を明らかにし，場自体の変容を図ることが大切になります。

生活の場に近いところでの支援では，当事者の抱える生きづらさに対する意見が錯綜し，場合によっては激しい対立が展開することすらあります。「そんな問題は気持ちの持ちようひとつだ」「いや，うつ病ではないか，医者に診せた方がよい」「イヤ，怠けているだけ，ほっておけばいい」など，診察室や面接室などの面接とは全く異なり，喧噪の場と化します。それだけに生活の場に近づけば近づくほど大切になる支援は，"専門的支援を受ける人と専門家という関係を脱統合して，当事者を囲む場を共有する人たちが共に問題解決に向かって歩む共同研究的協働関係を構築することが必要になるのです。場作りとしてのフレーム・ワークがポイントになるのです。

〈見立て4〉

本章5の島の不登校への対応例の〈事例4〉をまずお読みください。〈事例4〉の場を見立てると次のようになります。

小学校3年生の女の子Oちゃんの不登校という問題は，NHKが学校恐怖症という新しい概念を報道するまでは，島の男を中心とする大人たちの文化の常識の中では，学校に行かないのは，怠けの問題であり，強行策でその甘えた精神をたたき直すことで対応できると考えられてきました。船主を中心として家父長的風土の島全体の場の雰囲気がそうした価値観を既知のホロニカル主体（理）を暗黙のうちに共有していたといえます。しかし，これまでのホロニカル主体（理）も新しいホロニカル主体（キーパーソンとの信頼関係づくりを大切にし，周囲はそれを見守ることの方が大切という新しい価値観）によるOちゃんへの対応による成功によって，不登校への新しいホロニカル主体（理）が島に定着したといえます。

3　生きづらさの共有化と自由無碍な俯瞰

ホロニカル・アプローチでは，被支援者に生きづらさをもたらしている観察主体と観察対象の関係をめぐる悪循環パターンや，被支援者の観察主体が執着してしまっている特定の頑固な問題などを，被支援者と支援者が共有することを重視します。支援者は問題を解決してくれる人ではなく，問題解決を共に取り組んでくれるパートナーとして登場することになるのです。

共有化は，支援される人と支援する人が共同研究的に問題解決を模索する道を切り開きます。

例えば，悪夢にうなされ不眠に悩む当事者が「悪夢を治してくれ」と周囲に執ように助けを求める時，場にいる人たちが，悪夢問題を共有し，あたかも特設の「悪夢研究会」を立ち上げたかのような雰囲気を作り上げ，悪夢とどのような付き合い方が考えられるかをみんなでワイワイガヤガヤと検討するのです。悪夢をすぐ治すことはできません。しかし，悪夢とどう付きあったらいいかを検討する場を創り出すことは即座にできるのです。第7章4の能動的想像法（映画監督法）による〈事例7〉の悪夢への対応もそうしたアイデアのひとつの対処法といえます。不眠対策ならば，いろいろなアイデアをみんなが出すことができるかもしれません。すると問題を共有し検討する場自体の適切な保護的機能が当事者自身に内在化されて，ごく自然に悪夢が消失したり，ごく稀にしかみなくなるということが実際に起きてくるのです。

支援者が問題の消失を目指すのではなく，支援者が問題を解決するのでもなく，一緒に問題を解決しようとする場そのものがいずれ生きづらさを抱えている人に内在化され，より生きやすい道が自ずと発見・創造されるようになると考えられるのです。支援の場とは，そうした特別な機能をもっている場（フィールド）であることが大切なのです。

共有化のためには，社会構成主義，ナラティブセラピーや当事者研究でも使われる「外在化」の技法をホロニカル・アプローチでもよく使います。

外在化のやり方には，いろいろありますが，ホロニカル・アプローチではよく小物を使って"こころ"の内・外の対象関係を外在化し共有します。例えば，自己の中に，外我と内我がまったく相反す

Holonical Approach

る顔をもって対立したり，せめぎあったりしている時に，面接室にある小物（例えば，ちょっとした人形など）を使って外我と内我を外在化し，相対立する自己を面接時の被支援者と支援者が共に，より上位の観察主体から外我と内我の関係を観察することができるようにします。

　家族関係とか，人間関係といった外的対象関係を，小物をつかって外在化することもあります。この時，心的危機に陥った重要な場面（自己違和的な不一致感を抱いた場面）における人間関係を映画のように場面再現したりします。そうすることによって，被支援者自らが自分自身の日頃の人間関係のパターンを観察対象として観察できるようにしているわけです。

　被支援者が抱える悪循環パターンや頑固な問題を被支援者と支援者がより自由な視点から俯瞰できるようになると，これまでの被支援者の観察主体と観察対象の関係に新たな関係が創出されてきます。新たな観察主体を得ると，それまで対立していた対象関係が，自発自展的に変容しはじめます。なぜならば，被支援者が自力では抜け出せなくなってしまっていた自己と世界の不一致の累積体験によって形成されてしまった観察主体と観察対象をめぐる悪循環パターンや頑固な問題を，支援者が人生のパートナーとして苦悩を共有し，共に問題解決に向かって同行してくれるという体験自体が，被支援者の自己と世界の一致の直接体験をもたらすためです。被支援者と支援者の一致の体験の場は，自己と世界の不一致の累積に苦悩してきた被支援者にとっては，不一致ばかりだった人生に不一致と一致をめぐって自己を一致に向かって自己組織化する新たな脱出ループの視点をもたらすのです。

　このようにホロニカル・アプローチでは，複雑な問題をできるだけわかりやすい形で共有化し，問題を新しい観察の枠組みの中で自由無礙に俯瞰し，当事者，クライエント，関係者，支援者が共同研究的協働関係の中で，より生きやすい道を共に発見・創造していきます。非治療的な支援では，苦悩に関わる「得体の知れなさ」「自己違和感」や

「不一致感」などを外在化するなどして，被支援者から「得体の知れなさ」「自己違和感」や「不一致感」を一定の距離をもったものとして対象化し，被支援者ばかりでなく，誰にとっても自由無礙に俯瞰可能な対象へと変換する作業が大切となります。人は，観察主体か観察対象のいずれかしか意識化できません。そこで観察主体と観察対象との不一致・一致そのものの関係を再び新たな適切な俯瞰的枠組みから俯瞰する場をもつことが大切と考えるのです。

　人は，適切な俯瞰的枠組みを得て，主観と客観，内界と外界，自己と世界の関係を，より統合的に体験したり認識し，自己と世界のホロニカル関係を実感・自覚することが可能になるのです。

　自己と世界の関係の全てを知り尽くすことは不可能ですが，自己と世界の一致に向かって，自己の意識を拡大し深めていくことは可能です。

　自由無礙な俯瞰とは，極小のミクロの無限の点の視座から，極大のマクロの無限の球まで含む視座まで自由無礙に対象を観察することです。

　自由無礙の俯瞰＝無限の俯瞰といえます。

　自由無礙の俯瞰による自己と世界の一致体験が自己に自発自展的な自己組織化をもたらします。

　自己組織化とは，自己と世界の関係が，より一致に向かって自己自らが，混沌状態から複雑な構造に向かって自律的に変容していくことです。しかし自己組織化は，「苦悩」があまりに累積すると停滞・退行します。

　自己組織化が停滞または退行する状態では，自己と世界の関係をめぐって，観察主体と観察対象の間で悪循環パターンが繰り返されています。特に頑固な悪循環の場合は，"こころ"の多層多次元にわたって観察主体と観察対象の関係が固定的な悪循環を形成しています。

　そこでホロニカル・アプローチでは，悪循環パターンから抜け出すためには，観察主体と観察対象の間における悪循環パターンを外在化し，その自覚の促進を図った上で，より適切な観察主体からの新たな俯瞰的枠組みの提供がどうしても必要と考えるのです。

Holonical Approach

4　不一致・一致の俯瞰 *

〈不一致・一致のもたらすもの〉

　自己と世界との出あいの一致による直接体験は，不一致の時の直接体験との差異の感覚を自己にもたらします。こうした差異の実感と自覚が，自己と世界が不一致となる度に，自己および種としての自己がうまく世界に生き延びるために，できるだけ自己と世界が一致に向かうことを可能とする自己照合システムを作り上げながら，自己を自己組織化していきます。適切な自己は，不一致と一致の狭間で揺れながらも一致に向かって自己組織化しようとするのです。

　自己と世界の不一致・一致の直接体験のはじまりは，自己にとっては，自己と世界の始まりといえます。自己と世界の不一致・一致の体験そのものは避けることはできません。問題になるのは，観察主体が不一致の体験ばかりに執着的になればなるほど，苦悩に伴う問題が重篤になっていってしまうという心的現実です。自己は自己と世界の一致を希求すると述べてきましたが，自己と世界の一致による融即は，自己にとっては自己が世界と一体化することを意味し，自己が自己としての自律的主体性を失うことを意味します。しかし，自己が自己として自律自存しようとすると，自己と世界は不一致の関係にしかなれないという矛盾がつきまとっているわけです。

　不一致と一致の繰り返しとは，自己にとっては時々刻々の「死と再生」のテーマといえるのです。

〈ほどよい不一致・一致〉

　自己と世界との関係を，自己と他者との関係に置き換えた時にも，同じことがいえます。特に他者の位置に親など重要な保護的存在が関係した時にも同じことがいえます。もし重要な保護的存在との関係が不一致になる感覚がなくなり，常に自己と一致するような感覚に陥ってしまうと，自己

　＊不一致・一致の俯瞰：ホロニカル・アプローチの基本的視点である「不一致・一致の俯瞰」を，さらに徹底化して技法化すると，第7章10の「三点法」になります。

は自己としての主体性をもつことができなくなります。といって，自己にとって重要な保護的存在との間が絶え間なく不一致だとすると，自己は憤怒しながら警戒と不信感を常に他者に対して抱くか，さもなくば憤怒する力すら萎えて，他者に対して無気力になってしまいます。

　子どもと保護者の不一致と一致の繰り返しの中で，不一致と一致の両者の体験を適切に照らし返していくような応答をする保護者の存在が子どもには大切となるのです。ほどよい育児とは，そうした関わり方といえます。

　このことは被支援者と支援者関係においても同じです。被支援者と支援者関係がいつも共鳴的同調的関係となり一体化しすぎると，主体性は脆弱になります。なぜならば，被支援者は常に他者との一致を求めるようになり，ほんのちょっとでも不一致となると他者の価値を切り下げて憤怒するばかりとなるからです。といって，被支援者と支援者関係が常に不一致では，被支援者は支援者からも世界からもいつも見捨てられているかのような不安を抱き，孤立感や絶望感を強めるようになり，やはり健全な主体性は育まれません。

　大切なことは，被支援者の自己と世界の不一致と一致の直接体験が，被支援者と支援者の不一致・一致の体験を通じて，適切に支援者から一貫し安定した応答によって照らし返されることなのです。不一致・一致という相矛盾する関係が同一にあることを実感・自覚することが大切なのです。

　自己は，世界との不一致と一致の繰り返しの中で，適切な内的世界と外的世界の境界を発達的に作り上げていくと考えられるのです。

　自己と世界の不一致と一致の直接体験は，自己＝世界（死を含む）に至るまで，その都度，その都度，その場に応じたホロニカル主体（理）を発見・創造しながら，自己と世界ができるだけ一致する自己照合システムを構築しながら自己を自己組織化するすべての源泉となります。

　不一致ばかりに注目するのではなく，といって一致ばかり求めるのでもなく，不一致と一致に関係するすべてを，共に自由無礙に俯瞰できる関係

Holonical Approach

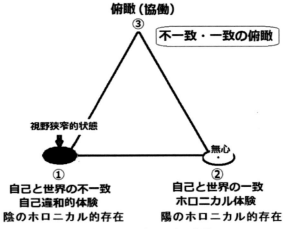

図5　不一致・一致の俯瞰

を創り出すことが大切なのです。

〈不一致の累積（苦悩）による視野狭窄的状態〉
　自己と世界の不一致の直接体験は不快感・苦痛・苦悩・陰性感情をもたらします。そうした「自己違和的体験（トラウマ体験を含む）」の累積が，苦悩（陰のホロニカル的存在）を形成します。
　それに対して，自己と世界の一致の直接体験（ホロニカル体験：陽のホロニカル的存在）は快適感・安全感・安心感・陽性感情をもたらします。陽性感情が多層多次元な"こころ"の全体に一種の自己と世界との共鳴的な一体感をもたらします。
　しかし不一致の自己違和的体験があまりに度重なったり，たとえ一過性でも生死に関わるような強烈な不一致の自己違和的体験があると，観察主体は視野狭窄的になって，不一致の直接体験ばかりを観察対象としがちになります。すると観察主体と観察対象の関係は，執着性，反復強迫性を帯びます。そして不快な気分の高まりが，混沌とした感じを増幅していきます。
　観察主体が特定の観察対象（陰のホロニカル的存在：A）に執着的になってしまうと，B，C，D，E，F……といった他のあらゆる観察対象（ホロニカル的存在）がまったく意識されなくなってしまいます。すると，自己と世界の縁起的つながり（ホロニカル関係）をまったく実感できなくなってしまいます。

　その背景には，神経生理学的なメカニズムが半ば自動的に働くことが最近の脳科学の研究から明らかになりつつあります。そこでホロニカル・アプローチでは次のように想定しています。
　過去の自己違和的体験（トラウマを含む）時に随伴した情動，感情，感覚，表象などのモード（気分）を刺激するような類似場面に自己が遭遇すると，自己違和的体験時に自己がサバイバルするための緊急対応策として形成した自己照合システムが自動的に作動するようになっていると考えます。
　しかし時として，そこまで過剰に反応する必要のない出来事に対しても，緊急時の自己照合システムが誤作動する現象がしばしば見られるのです。
　不適切な自己照合システムが一度スイッチ・オンをしてしまうと，観察主体は，観察主体に未だうまく統合しきれないままになっている自己違和的体験ばかりに執着し続けます。それは生命維持のための必死の反応でもあるのです。
　誤作動の場合でも半ば自動的に作動する現象だけに，視野狭窄的状態から抜け出すためには，よほど強い意志をもって観察対象を自ら切り替える力が必要になります。もし，そうした力を発揮できないと，なかなか自力で視野狭窄的状態から抜け出すことが難しくなります。

〈視野狭窄的状態への対応としての共同研究的
　　共同関係の樹立〉

被支援者が視野狭窄的状態に陥っている場合には，自己違和的体験の全体をしっかりと抱え込むことのできる適切な観察主体の強化を図ることが大切です。そこでまず支援者に求められる態度としては，視野狭窄的状態に陥ってしまって，"こころ"の内・外で不一致状態にある被支援者を，あるがままに受容する姿勢が大切になります。被支援者の「不一致」に「一致」していくのです。

被支援者の抱える無間地獄を，安全で安心できる面接の場で支援者が共有していくためには，頑固な悪循環パターンを小物や描画を使ったりして外在化することも有効です。外在化することで，自己違和的体験を共同して研究する関係を構築することができるのです。そうした共同研究的協働関係の構築に細心の注意を払うのです。図5の③の俯瞰（協働）に当たります。

外在化は，被支援者が執着している出来事から，支援時の被支援者の観察主体が適切な心的距離をとることを可能にします。強いインパクトをもった自己違和的体験を観察しようとする時には，自己違和的体験のもつ圧倒的で強烈な吸引力に観察主体が呑み込まれないことが必要となります。そのためには，自己違和的な直接体験から一定の心的距離を保てるような強い観察主体の確立や回復が必要となるのです（③の位置の確保。ホロニカル・アプローチでは「観察主体の強化」と呼んでいます）。

〈一致体験（ホロニカル体験）の増幅・拡充〉
①→③への移行による適切な観察主体の強化が図れない場合は，一旦，自己と世界が一致した時に起きるホロニカル体験の想起を求めます。すると，被支援者の観察主体は，①への執着状態から，今度はホロニカル体験時の観察主体没入の状態（②）に移行することで，①からの脱出が可能になりやすくなります。この時ホロニカル体験の促進は，実際に過去に体験したことのあるホロニカル体験の想起または「今・ここ」という面接の場におけるホロニカル体験の促進が大切です。ただの空想では躁的気分だけの一時的高揚感で終わり，

すぐに①に戻ることになりやすいといえます。①から②に一旦移行した上で，空想でない限り，②のホロニカル体験の没入から目が覚めると，俯瞰（協働）③の視点に移行しやすくなります。

しかしホロニカル体験を増幅・拡充する目的は，被支援者の自己と世界の一致を促進することだけではなく，被支援者と支援者が共同研究的協働関係を樹立することによって，被支援者が適切な観察主体から，不一致・一致の繰り返しの全体をあるがままに包摂できるようになることを忘れてはなりません。

〈不一致と一致の俯瞰がもたらすもの〉
不一致時の直接体験の想起時と一致の直接体験の想起時では，随伴する気分と直接体験の感覚がまったく異なります。不一致時の直接体験は，自己違和的体験であり，気分は陰性感情を随伴しています。それに対して，一致時の直接体験は，ホロニカル体験であり，気分は陽性感情を随伴しています。そこで両者の直接体験の差異の明確化・意識化を促進し，その差異の共有化を図ると，自ずと被支援者の観察主体は，不一致・一致の狭間（①と②の間）で揺れている自己を「適切に観察する視点」である③の視点を獲得することができます。

また，ホロニカル体験に基づく自己照合システムを構築すればするほど，不一致への執着状態からの脱出の頻度が増加したり，脱出時間が短くなります。

自己違和的体験（①）とホロニカル体験（②）の行ったり・来たりの中で①も②も含め，あるがままに全体を包摂できると，陰の中に陽を，陽の中にも陰があること，あるいは陰陽の入り交じった幾多のホロニカル的存在のあることへの気づきがもたらされます。①と②の行ったり・来たりの俯瞰の中で，「①の状態」と「不一致・一致の矛盾が同時に存在する①②の間」および「②の状態」のいずれかをその都度，実感・自覚できるようになるのです。

しかし正確にいえば，適切な観察主体③の視点

Holonical Approach

から①と②および①②の間を含む全体を自由無碍に実感・自覚しながら俯瞰することのできるような状態は，よほど修行を積んだ高僧でもない限り難しいといえます。もし，そうした状態が長く続くことができるならば，「煩悩即菩提」「生死即涅槃」ともいえる悟りの境地になり得ます。

一般的には，観察主体（我）が観察対象（自己と世界）と一体化してしまっている①と②以外の状態は，③の観察主体自体が無自覚的に働きながら観察対象を観察している状態です。この時，観察主体は活発に作用していますが，そのこと自体はほとんど無自覚的で観察主体自体に主体の意識は埋没してしまっています。しかし，観察主体が③の視点で作用していることをさらに上位から観察するホロニカル・アプローチでホロニカル主体（理）と概念化しているメタ認知的主体が③の観察主体の作用を意識することさえできれば，③の視点からごく短い時間に，①②および①と②の間の出来事を観察対象として一喜一憂しながら生きていることを実感・自覚をすることが可能となります。そしてこの繰り返しの中で，誰もが物事や出来事には，有／無，善／悪，美／醜，白／黒，快／不快，生／死など相矛盾するものが同時にある無常な世界であることの認識を深めていくことになります。不一致に伴う陰性感情と一致に伴う陽性感情の間を行ったり・来たりする中で，相矛盾するものが同時にある世界を誰でも実感・自覚する③の視点が内在化されていきます。

5 フレームワーク（俯瞰的枠組みづくり）による場づくり

ホロニカル・アプローチでは，生きづらさを感じている当事者および関係者に対して，生きづらさを自由無碍に俯瞰しながら，より生きやすくなるような人生の道を発見・創造していくことを可能とするような場づくりを「フレームワーク（俯瞰的枠組みづくり）」と呼び重視します。

生きづらさをもたらしている問題を外在化し，当事者やクライエント以外の人が問題を共有できるようにし，共に自由無碍の俯瞰ができるように

する行為が「フレームワーク」です。

ホロニカル・アプローチでは，あらゆる心理・社会的支援を適切に行うためには，まずはこうした場づくりが必要と考えます。

フレームワークの対象は，当事者から関係者まで広く考えられます。関係者を対象とする時は，当事者やクライエントが不在でも構いません。

家庭，地域社会，学校や企業などで行われる支援では，当事者やクライエントに対するフレームワークと同時に適切な場づくりも可能となります。

場合によっては，当事者やクライエント抜きで，場づくりを行うことによっても，当事者やクライエントの変容を見込むことができます。当事者やクライエントと関わりのある関係者のひとりひとりが自己と世界が一致しやすくなるような場づくりをしていけば，そうした場は当事者やクライエントにとっても，自ずと適切な社会的包摂能力をもった外界となり，当事者とクライエントの適切な変容を促進することができるからです。

しかもそうした場は，当事者やクライエントだけではなく，関係者にとっても適切な包摂的世界となり，場を共有する人たちの自己と世界の一致を高める適切な自己の自己組織化を促進します。

ある当事者Aの生きづらさの中には，場を共有する関係者B，C，D……との関係を含む他の問題がホロニカル的に包摂されています。また関係者Bの生きづらさの中にも，A，C，D……との関係を含む他の問題がホロニカル的に包摂されています。このことは無限に続きます。結局，Aの問題には，場を共有する者すべてにとって共有可能な問題が含まれており，全員が当事者といえるのです。A，B，C，D……という人たちがお互いのホロニカル関係に目覚めれば，共同研究的協働関係を場に構築していくことが可能となります。

ある問題が，場において共有され，当事者を含む関係者のすべてが自己と世界の不一致がより一致する方向に場が自発自展しだす時には，すべての人が場を通じて，これまで以上にお互いがホロニカル関係にあることをより深く実感・自覚することにつながっていきます。こうした実感と自覚

が新たな社会的絆を形成していきます。

たった一人のAに対する支援が，場を共有する人たちにとっても，より生きやすい人生の道の発見と創造につながっていくのです。

〈事例4〉

ある島の物語です。島の歴史はじまって以来の新しいタイプの不登校とされた女の子Oの話です。1990年頃の出来事です。当時は「学校恐怖症」と呼ばれていました。

島の駐在さんと公民館の館長が船と電車を利用して児童相談所に2時間半ほどかけてやってきました。島はじまって以来の「学校恐怖症」と思われる小学校3年生の女の子Oちゃんに関係者が困惑しているとのことでした。依頼は，「遠くて大変申し訳ないが，とにかく一度，専門家に島に来ていただきたい」という内容です。

そこで日を改めて，心理判定員（現在の児童心理司）が島に向かいます。驚くことに島の港の桟橋には，大勢が迎えに来ています。到着後，一服する間もなく，中央公民館に案内されます。公民館の2階の大広間には，上座正面に案内された心理判定員からみて右手側には，小学校の校長，教頭，学年主任の席順で，末席に担任が正座しています。担任は若い男性ですが，頭髪がぼさぼさでいかにも頼りなさげな感じで落ち着かなく正座しています。左手側には，司会役の公民館の館長と，駐在さん，祖父，父親，祖母，母親という順で緊張の趣でやはり全員正座をしています。心理判定員は，席順ひとつとってもしきたりを厳格に守ろうとする島の文化と風習を肌で感じとります。

自己紹介後，校長からOちゃんに関する経過説明があります。その中で，Oちゃんは，「学校恐怖症」ではないかとの心配が語られます。心理判定員が，〈なぜ，学校恐怖症と思われたのですか？〉と尋ねると，数カ月前にNHKの特集番組で，最近，学校にいかなければいけないと思いながらも登校のできない子どもたちが増えてきていると報道されたことを熱心に語ります。番組では，周囲が登校を強要しようとすると，トイレに閉じこも

ったり，なかには自殺しようとするまで思い詰める子がいるとのことだったとのことです。そして，今回のOちゃんの場合，番組とそっくりだとのことでした。そこで，番組を見る前の登校渋りへのこれまでの島の人たちの対応を聞くと，すぐさま，「そりゃ，そういう時は，みんなで引きずってでも学校に行かせたもんだ」と祖父が言い出し，父親も，校長も教頭もうなずきます。この時，強行策派の人たちは，いかにも担任が力不足かつ物足りないという含みのある視線と物言いです。そのため担任はますます場の威圧的雰囲気に圧倒され，さらに落ち着かなくなっていきました。

しかし，強行策派の人たちも今回はいくら学校に無理矢理行かせようとしても全く動かないOちゃんに手を焼いている頃に，NHKを視聴した駐在さんが「NHKがいっている学校恐怖症ではないか」と言いだし，校長の決断で島に専門家を呼ぶことになったとのことでした。この話の間，祖母，母親も担任も一言も口を開きません。Oちゃんの所在を訪ねると，襖を挟んでの隣の小部屋にひとりでいるとのことでした。どうやら，今までの会話も全部聞こえていたと思われます。

襖を開けた時のOちゃんの後ろ姿は，肩をびくつかせながら泣きじゃくっていて，誠に痛々しいものでした。泣きじゃくるOちゃんに思わず，心理判定員が〈大騒ぎになっちゃったみたいだね〉と声をかけてしまったため，一層号泣しはじめてしまいました。とても会話など成立しない状態です。そこで，やむを得ずイエスかノーで答えることのできる「閉じた質問」（福島，1997）を使いながら，Oちゃんの気持ちの理解を図るとともに，今後のことについての希望を明らかにしていくことにします。

この時，子どもたちが元気に遊ぶ声が聞こえてきます。ふと2階の窓から外をみると，巾の狭い小道を挟んで小学校が真横にあることに気づきました。どうやら休み時間になって校庭に子どもたちが出てきたようです。再び驚きます。Oちゃんにそっくりなおかっぱ頭の女の子がたくさんいるのです。双子に間違えそうな子もいます。そうし

Holonical Approach

た驚きを隠さずに口にしていると，思わずОちゃんが窓際にやってきて，「あの子はいとこ」「あっちの子ははとこ」と説明しはじめます。どうやらほとんどの子どもたちがしっかりと地縁血縁で結びついているようです。それだけに今回の出来事が島中の注目の的になっていることが痛いほど理解できるとともに，Оちゃんにとっては，島中の人の目がとても気になる状態と気づきました。

当時は，Оちゃんのような状態を神経症的不登校といい，怠学と区別するようになった頃でした。しかし，問題は，今後の方針をどうするかです。この時代は，相談機関ではほとんどのところで不登校を扱っていなかったし，なにせОちゃんの住んでいる所は離島です。また当時は，神経症的不登校に対応できる教職員もおらず，ましてやスクールカウンセラーなどいませんでした。またОちゃんが，児童相談所に通うことも，心理判定員が島を定期的に訪問することもさすがに不可能でした。

そこでやむを得ず，Оちゃんに尋ねます。ちょうど時期が，夏休み前だったため，〈ごめんね。実は先生は，そんなにこの島に来れないんだよね。だから今度の夏休みの間に，誰かにお家に来てもらって，毎回１時間くらい，一緒にトランプしたり，ゲームをしたりして，遊んでくれる人がいるといいと思うんだよね。そしてその人と仲良くなったら，学校がはじまった時，その人に学校についていってもらうという案はどうかな？〉と提案します。そして，〈ただし，この方法については，こっそりとやることがとても大事なんだよね。だから，その人と何をするか，何を相談するか，何を遊ぶかなどは，全部，その人と決めていくので，家族や学校の先生たちには，その人とОちゃんの決めたことを，ただそっと見守ってもらうだけにしようと思っているんだけど，どうかなあ？〉と提案します。するとОちゃんはうなずきます。これでОちゃん支援のためのフレームはほぼ完成です。後は，一体，誰にその役をしてもらうかです。

しかしながら心理判定員には，Оちゃんのよきキーパーソンになれそうな人がまったくわかりません。そこで，〈そんな人を誰にしたらいいかな。できればОちゃんが一番いいなあと思う人にしたいんだけど〉と尋ねます。するとОちゃんは，みるみる血色が戻り，明るい表情になります。〈誰か夏休み中に家庭訪問して欲しい人がいるの？〉と質問をすると，なんと心理判定員も予想していなかった人の名前があがりました。Оちゃんの口からかぼそい声で「担任」の名があがったのでした。しかし，一瞬意外に思ったものの，よくよく考えてみれば，Оちゃんと担任は，今のこの島の状況の中で，もっとも強い緊張・萎縮感を体感し，"こころ"が揺らいでいる者同士として響き合うのかなあと思い直します。

大広間に戻ります。ここは専門家の顔をフル活用する時と思い，〈Оちゃんの今の状態は，学校恐怖症までには至っていないものの，その一歩手前の段階の神経症的不登校の可能性があります〉と説明し，NHKにもあったように，今，Оちゃんは，とても周囲の態度に緊張し萎縮し，申し訳ないと思い込んでしまっている状態なので，いましばらくは，そっと見守り，強く登校をすすめるなどの登校刺激を一切控えることを提案し，その上で，夏休み中の定期訪問による安心でき信頼できる人を作ることの大切さを説明します。

すると一堂，もっともだという態度でうなずきます。そして〈実は，その大切なキーパーソンとして，Оちゃんが指名した人が，この場にお見えです〉と伝えます。校長，教頭，学年主任が思わず身を乗り出します。

そのタイミングで，〈実は担任の先生です〉と告げると，その場にいた人のほとんどがびっくりするとともに，当の担任自身が，「えっ僕ですか？」と自分で自分を指さしながら心理判定員の顔を見ます。そのため思わず心理判定員までもが，〈えっ，僕です〉とつられて反応してしまったものですから，場全体が気の抜けた雰囲気になるとともに，場の緊張感が一気に和みます。この時，祖母と母親がとてもうれしそうな顔をしていたのが印象的でした。あとでわかったのですが，どうやらОちゃんは，日頃から強行策派の大人を嫌い，むしろ担任にとても親近感を抱いていたことを，祖母と母

Holonical Approach

親は間近で見ていて知っていたようです。これで，Oちゃんを取り囲む保護的容器としての場作りもなんとか完成です。

　この後，島でアパート暮らしだった担任は，夏休み中，熱心に週に2～3回もやってきては，Oちゃんと一緒に遊んだり，アイスクリームを食べたりしただけではなく，何気なくOちゃんの仲のよいお友達を連れて来ることまで可能になったとのことでした。そして，夏休み明けには，Oちゃんは，何ごともなかったかのように登校を再開したとの報告を受けました。どうも強行策だけでもって対応する限界を示す臨界点にOちゃんの事例は登場したといえたようです。Oちゃんの問題は，決して個人や家族の問題だけでは説明がつかない島全体の子どもたちに共通するテーマを含んでいたといえるのです。その後この島ではOちゃんを通じて，その子その子にあったオーダーメイドの対応策が当たり前の時代に入っていったのです。

　Oちゃんは，新しい子育て文化を島にもたらすきっかけになったのでした。

Holonical Approach

第7章

ホロニカル・アプローチの主な技法

　ホロニカル・アプローチでは，多様な支援の道を模索・研究するうちに，さまざまな技法が創発されてきました。以下の技法は，アセスメントや変容促進のための技法として，ホロニカル・アプローチに関係なく活用することもできます。

1　小物などによる外在化

　ホロニカル・アプローチでは，生きづらさをもたらす内・外の対象関係や問題自体をよく外在化します。外在化された対象や対象同士の関係を俯瞰するだけでも悪循環パターンや新たな気づきがもたらされます。外在化の方法には，例えば「怒り虫」と名づけたり，絵で可視化したり，次の写真のように，人・仏・マリア・動物などの小物がよく使用されます。小物を使うと象徴化された対象を自在に扱いやすくなります。

　例えば，「私なんかこの世にいない方がいいんです」と嗚咽する○○さんがいる時，「○○さん」を小物Ａで外在化し，〈「こんな私なんか，この世にいない方がいいんだ」と思う自分がいるんですね〉と鏡映的に応答した時，○○さんが自ら思わずうなづいたならば，そっと小物Ａ（○○さん）の傍らに，「こんな私なんか，この世にいない方がいい」と自らを否定する小物Ｂを外在化するなど，被支援者が語る言葉の流れに沿いながら外在化していくことがポイントです。そうではなく，支援者が自分の解釈にしたがって，〈自分を否定するもう一人の自分がいるのですね〉と外在化をすると被支援者の語りは流れを失ってしまうので注意が必要です。ついつい被支援者は，何かわかったつ

もりになりやすい立場にあるだけに，できるだけ被支援者の語る言葉をそのまま使いながら，流れにごく自然に寄り添いながら外在化していくことが大切です。

　外在化の基本は，見立てや解釈を伝えるための道具というより，被支援者自らが自己および世界との不一致・一致の直接体験にまつわるさまざまな対象関係について自己理解を深めていくためのサポート法であることを肝に銘じておくとよいでしょう。

　小物は，面接室に偶然そこにあった物（ペンケース，箱や小銭など）を活用しても構いません。また画用紙に円などを使って象徴的に表現することを求めても構いません。

　被支援者の自己と世界の不一致・一致の直接体験は，被支援者の観察主体と被支援者からみた外的世界の対象との不一致・一致の直接体験か，または被支援者の観察主体と被支援者からみた内的世界の対象との不一致・一致の直接体験に変換できます。外在化は，こうした“こころ”の内・外にわたる対象関係を，小物や描画を使ったりして，被支援者と支援者が共に俯瞰できるような枠組みをつくることといえます。しかも観察主体と観察対象の関係は，時々刻々と変化していきますから，外在化された対象関係は，静止画としてではなく，物語的，劇的に展開していくような動画的可視化がポイントになります。

　一度使った小物や対象関係を示した描画などは，その後もできるだけ継続的に活用していくと効果的です。小物の外在化に被支援者が慣れてきた

Holonical Approach

第 7 章 ホロニカル・アプローチの主な技法

筆者の相談室で使っている小物の例

オカリナ

ドラゴン

シバ神

面接室のテーブルの上

面接室にある机の上

←面接室の窓際

Holonical Approach

ら，できるだけ被支援者自身に小物を選択してもらうとよいでしょう。その方が被支援者の主体感を高めることができます。

外在化法は，場面再現法・対話法・超俯瞰法などと組み合わせることができます。

2　場面再現法

直近または過去の出来事や夢のある特定の場面を再現したり，登場人物や事物を小物などを使って外在化し，あたかも映画のように特定の場面を自由無碍に俯瞰的に再現する方法を「場面再現法」と呼びます。

場面再現に際して，再現の視点（カメラの視点）をどこにもっていくかで，再現される内容が異なってきます。

例えば，

- 自分からみた自分を俯瞰
- 自分からみた他者を俯瞰
- 他者からみた自分を俯瞰
- 自分と他者の関係を俯瞰
- 外我からみた内我を俯瞰
- 内我からみた外我を俯瞰
- トランスパーソナル的存在（超個的主体）からみた自己を俯瞰
- 自己からトランスパーソナル的存在（超個的主体）を俯瞰

などは，すべてカメラの視点の違いといえます。

場面再現法によって，“こころ”の内・外の状態を再現し，被支援者と共有することで，被支援者と支援者との間の信頼や協働的関係が一層深まります。

場面再現後は，ある場面に外在化された小物（人や自己のある側面）同士でカメラの視点を交互に切り替えるような対話を試みてみたり，面接時の被支援者と外在化された小物との能動的対話を促進したりすることによって，こころの内・外の不一致感の統合化を促進することもできます。

場面再現法は対話法や超俯瞰法とうまく組み合わされると，人生脚本の書き換えが可能となり，新たな生き方の発見・創造につながっていきます。

場面再現法が他の技法とうまくかみ合ってくると，これまでは“こころ”の奥にしまい込んでいた過去の心的な傷や気持ちなどが明らかになってきて，これまでとは全く違う新しい展開がごく自然に起きたりします。

簡単な家の間取り図を描き，その図上で，家族を小物（小銭，箱庭療法用の玩具，フィギュア，手作りの人形等）を使って外在化し，一日や1週間の家族の動きや，これまでの食卓や寝る時の位置の家族歴的変遷などを再現していくと，家族関係，家族力動に関する物語が一気に直接的に把握することができます。「ホームシミュレーション法」と呼んでいます（定森，2015）。ホームシミュレーション法では，家族をめぐる“こころ”の内・外の葛藤や確執が，空間や時間の使い方などに見事に転換されていることがわかります。

場面再現法の実施による俯瞰は，「時空間を固定した時，その一瞬・一瞬には，内的世界から外的世界にわたるあらゆる出来事がホロニカル的に凝縮されている」ことが被支援者と支援者双方にごく自然に実感・自覚されてきます。特に知らずのうちに陥っていた悪循環パターンに被支援者自身が自ら気づく時は，新たな生き方への変容の契機となることがしばしばです。

〈事例5〉

入学後すぐに学校にいけなくなった末っ子の小1のPさんです。長女は小5，次女は小3です。母親は，Pさんが不登校になってしまったためパート勤務を辞めています。父親は，毎日仕事が忙しく，帰りも遅く，土日も仕事の関係の接待や付き合いと称して不在がちです。そのためずっと子育ては母親が一手に引き受けてきました。

普段は，母親とPさんが教育相談機関に週1回のペースで通っていましたが，夏休みの最後の頃，姉妹も遊びに行くところもなくなり，母親についてやってきました。三姉妹＋母が賑やかにやってきます。そこで教育相談員は，せっかくの機会と思って，普段の家庭での様子を把握したいという

気持ちもあって，場面再現法としてホームシミュレーションを実施します。
　まず，教育相談員（以下，教と略記）は，人形を家族分用意して出した上で，マンションの間取り図を母親たちに聞きながら作成します。そして家族に，夜の就寝時の様子の場面再現を求めます。

みんなはしゃぎながら次のような就寝場面を再現します。三女はみんなに合わせている感じです。

教：〈朝食は，みんなどんな位置で食べるのですか？〉

母親を中心に朝の食卓風景が再現されますが，父親は，家族から忘れられてしまったかのような存在として寝たままほっておかれます。
　教：〈お父さんは，朝起きるのが遅いのですか？〉
　母：「ああ，あの人は，いいんです。いつ帰って，いつ出ていくかよくわからないので，もう朝ごはんは勝手にやってもらっています」と言いながら，母親は寝ていた父親の人形を取り上げて，そのまま家の外に追い出してしまいます。父親と同じ年代の男性教育相談員は，思わずドキンとします。姉妹は黙って見ています。

教：〈ああ，そうなんですか〉〈……すると，昼食はどうされているのですか〉
　母親が，次の場面をつくり，子どもたちは黙ってみています。
　教：〈では夕食の食卓風景はどんな感じなのでしょうか？〉
　今度は，姉たちも楽しそうに参加してきます，特に長女が場に慣れてきて積極的に参加してきます。末っ子のPさんは，母親にぴったりと身を寄せな

Holonical Approach

がらみんなに波長を合わせる感じです。再現された場面でも、いつもＰさんは母親の傍らにくっついていることも次第にわかってきます。

教：〈お父さんは？〉と誰にとはなく尋ねると、即座に長女が、

長女：「どうせ、あの人は仕事で忙しいから……」と突き放した言い方をします。父親は、外にいるままです。

夕食後、母親とＰさんは、一緒に風呂に入っています。長女と次女は、キッチン兼居間でテレビを見ています。

教育相談員は、たわいもない話をしている夕食後のまったりとした時をみんなと一緒に笑いながら回想します。そして、教育相談員自身が思わず父親の存在を忘れていたことに気づき尋ねます。

教：〈ところでお父さんはまだ帰らないの？〉

すると、今度は次女が即座に答えます。

次女：「どうせどっかでお酒でも飲んでいるんじゃないの」と、突き放した言い方をします。

教：〈そうなんだ。朝も夜もお父さんはとても忙しくて家にはいないんだね。ところで夕食後は、みんなどうしているの？〉

みんなで次の場面をつくりあげますが、今度は次女が比較的積極的です。

その後、教育相談員は、父親も週休２日で仕事が休みと思われる土曜日の昼間の様子の再現を求めます。再び、みんなで楽しそうに、人形を動かして土曜日の昼過ぎの場面を再現します。

第7章　ホロニカル・アプローチの主な技法

しかし，母親が家から追い出して以来，誰も父親の人形に一度も触りもしなかったため，父親は，ずっと外に追い出されたままです。そこで……。

教：〈お父さんは？〉と尋ねます。

すると，今度は，Ｐさんが，

Ｐ：〈どうせ，ゴルフにでも行ってるんじゃないの？〉と，母や姉たちとそっくりの口調でいいます。

そして，思わぬ出来事が起きます。それは母親の次の言葉です。

母：「……ひょっとすると，あの人は，私たち女ばかりの輪の中に入りにくいのかしら……」と突如，つぶやいたのでした。

子どもたちは，一瞬にして押し黙ります。

そしてその後，変化は起きました，夏休み明けの面接で，母親は一人でやって来て語ります。

母親は，前回の面接の帰り道に，夏休み最後の今度の日曜日に，お父さんを誘って，みんなで焼き肉を食べに行こうかと提案したというのです。そうしたら即決で全員が賛成し，Ｐさんが一番熱心にお父さんを誘い，日曜日には，外食を久しぶりに家族全員で楽しんだというのです。そして，次のような変容も生じたのです。

実は，入学後すぐに不登校になったＰさんに，家庭訪問で保健室登校でもいいからと働きかけてくる担任を嫌がるＰさんを見ていた母親は，もう少し担任がＰの辛い気持ちを汲んでくれればいいのにという不満を内心抱いていたのでした。

しかし，夏休み最後の外食を家族で楽しんだ母親は，思い切って，担任の立場も考えて保健室登校でもいいから行ってみないかとＰさんを誘ってみたところ，Ｐさんは渋々同意をし，それをきっかけに断続的登校をはじめ，その後，面接日には，Ｐさんはどうしてもクラスの友達と遊びたいといって出かけてしまったという，新たな展開の契機になっていったのでした。

母親にとってホームシミュレーションの実施は，日頃不満を抱いていた父親や担任との関係を見直すよき契機となり，そうした母親の態度の変容が姉たちやＰさんの変容にも影響したようです。

3　対話法

被支援者の観察主体と観察対象を共に小物を使って外在化した上で，外在化された観察主体と観察対象の間での対話を実施したり，観察対象として外在化された部分対象同士の対話を求める方法を，「対話法」と呼びます。

対話では，外在化された小物の位置を被支援者と支援者との間で交互に入れ替えながら実施することが大切です。

観察主体（Ａ）と観察対象（Ｂ）の間の対話は，ＢがＡの影響を受け，Ｂ'となり，次の対話では観察主体となったＢ'が観察対象となったＡに影響を与え，ＡがＡ'となり，次にＡ'がＢ'に対して対話を試みると，Ｂ'はＢ"となり……と最初の固定的観察主体と観察対象の関係に自ずとホロニカル論的な自己言及的自己再帰的な変容をもたらしていきます。

対話の組み合わせはいろいろ考えられます。例えば，

・夢の中の自分と面接時の自分の対話
・夢の中の自分と夢の中のあるキャラクターとの対話
・過去の自分と今の自分の対話
・外我（外面）と内我（内面）の対話
・超俯瞰法によるトランスパーソナル的存在と現実の自分との対話

Holonical Approach

組み合わせは，自由無碍に考え出すことができます。

小物による外在化，場面再現法，超俯瞰法の中で対話法がよく活用されます。

心理療法のひとつであるゲシュタルト療法における「エンプティ・チェア」といわれる技法を発展させると対話法になっていきます。

対話法は，観察主体と観察対象を交互に入れ換えながら対話を促進することによって，観察主体と観察対象の不一致がより一致する方向に向かって自己組織化していく確率を高めます。自己言及的対話や自己再帰的対話を実施することで自己触媒的に観察主体と観察対象の関係の変容を図る方法といえます。

対話の中で，これまでの思考の枠組みが新しい枠組みに変化することが多いため，認知行動療法と同じような変容が自ずと起きます。

〈事例6〉

Qさんは病院に勤務する薬剤師の30代の女性です。数年前に曾祖父の代からの老舗の和菓子屋を継ぐと約束したものの，同じ町の同業者がどんどん廃業していくのを目のあたりにして迷いはじめています。父親はとても頑固な職人で，母親は和菓子屋に嫁いで以来，休みなく働いてきています。

Qさんは，夢をみたと心理相談室のカウンセラーに報告してきます。

夢：老けた両親が，朝早くから仕事をしています。Qさんは朝食の準備をしたので声を掛けたいのですが気を遣って何も言えないでいます。

夢の連想を求めると，

Q：「どっかで店を継ぐのかどうか話さなくてはいけないと思っているけど，楽観的な自分と，悲観的な自分がいて堂々めぐりしている」

そこで，カウンセラーは「楽観的な自分」と「悲観的な自分」との対話を試みることを提案し，「楽観的なQさん」をカウンセラーが小物の「オカリナ」（以下，オと略記）で外在化し，「悲観的なQさん」の外在化を求めます。するとQさんは，「フクロウ」（以下，フと略記）を選択します。

以下，対話法の展開です。

Co：〈楽観的な「オ」は，いったい「フ」になんて言いますか？〉といいながら，カウンセラーが，「オカリナ」をQさんの前に置き，カウンセラーの前に「フクロウ」を置いて尋ねます。

※写真内のぬいぐるみはQさん

オ：「この先，お父さんたちのやってきたような和菓子屋はやっていけないよ」

Co：〈じゃあ，オカリナに，「この先，お父さんたちのやってきたような和菓子屋はやっていけないよ」と，悲観的な自分のフクロウが言われたらなんと答えますか？〉とカウンセラーは言いながら，「オカリナ」と「フクロウ」の位置を入れ換えます。

フ：「じゃあ，お父さんが納得するような代替案を出さなければいけない」

Co：〈「じゃあ，お父さんが納得するような代替

え案を出さなければいけない」と言われたオカリナは，なんと答えますか？〉といいながら，カウンセラーが「オカリナ」と「フクロウ」の位置を入れ換えます。

オ：「それは私ひとりで結論を出すことではない」

Co：〈なるほど，「それは私ひとりで結論を出すことではない」と言われたらフクロウは，なんと答えますか？〉といいながら，カウンセラーが「オカリナ」と「フクロウ」の位置を入れ換えます。

フ：「いったんやると言ったんだから，今更，人に振る話ではない。だから答えを出すには，ある程度のところまで自分で考えなくてはいけない」

対話法では，クライエントの台詞をその都度カウンセラーが反唱をしながら小物の位置を入れ換えていきますが，以下，省略します。

オ：「自分で答えを出してしまうより，みんなと話した方が，自分の思い込みでなくて建設的な意見がでるんじゃないかなあ」

フ：「それは最初にやるべきであって，あと先考えず，あの時短絡的にやるといったのだから，もうそういう時期じゃない」

オ：「そうなんだけど，今の現実からしたら，もう1回，仕切り直しをして，あの時とは社会状況も変わってきたし……」

フ：「無理。最終的には父とのぶつかり合いの場になる。やるならそれなりに腹をすえる覚悟がいる」

オ：「そんな覚悟がいるなら，まだ時期じゃない」

フ：「だからもっとよく考えて行動しなくちゃ」

オ：「考える力を今は養っている。でも今の状態が長く続くのはよくない」

フ：「じゃあ，話をして，そこでポンと一度で答えをだすのではなくて，父親とも徐々に話をしていったら」

オ：「そりゃあ，話すことは必要でしょう」

フ：「よく自分で考えて，自分の思いとか考えを整理して，どうやって伝えるか吟味して」

オ：「じゃあ，そういうことで……」

フ：「子育てを頑張ってきた人たちだから，あの年で絶望させたくない。自分がどう思われるかはもうどうでもいいけど，そこが難しい」

オ：「といって，自分の本心ではやりたくないことをやるの？」

Co：〈両親を思う自分と，自分の気持ちとの葛藤の展開になってきましたね〉

Q：「ええ」「2つの自分の妥協しかないか」

Co：〈妥協する対話とは〉

フ：「私の本心はやりたくないというようなそういう簡単な話でなくて，今の状態の中で，お互い一番いい収まりどころを探したい」

オ：「そんなのあるの？」

フ：「話すのだったら，思いをぶつけるだけでなくて，そういう全体のことを考えているということを，まず話すべき」

オ：「いうことはすべて，ごもっともなんだけど，考えているだけで，行動が出ていない」

フ：「うーうん」「堂々めぐり」

Co：〈何が〉

Q：「小出ししながら，思いをぶつけるだけではなく，話し合っていくことが必要となんとなくわかってきたけど，実は，今の私は，父に対する態度が悪いから，もし，仕切り直しの話をしたら，思い込みかもしれないけど，自分が全部父親を否定したと思うのではないかと……」

Co：〈父親に自分の思いを話したら，父親は全部自分が否定されたと受け取りそうなの？〉

Q：「……そんなことはないかも……むしろ自分自身が，ここまで頑張ってきた両親を失望させたくないと思っているのかも……」

対話法実施の前のQさんは，「楽観的自分」と「悲観的自分」が交互に反転するばかりの堂々めぐり状態でした。しかし，対話法の実施後は，「両親に反発する自分」と「両親のことを思う自分」という親子関係をめぐる外的対象関係の対立のテーマに変容し，その後，「自分の思いを遂げたい」との思いと，「両親の期待を裏切ることへの罪悪感」という親子関係をめぐる内的対象関係の対立のテーマへと変容しながらQさん自身の自己決定への

Holonical Approach

テーマへと収斂していきました。

　この面接後のQさんは，約束を破ることになることへの謝罪をしながら自分の今の思いを両親に伝え，話し合いの結果，とりあえず当面の間は薬剤師の仕事を継続しながら，和菓子店の今後の経営の方向性をいろいろな人の意見をもらいながら決めていくことが決まったとのことでした。

4　能動的想像法

　心理学の世界では，無意識的な心的内容を扱う方法として，フロイト派による自由連想法が有名ですが，ユング派では，夢分析とともに能動的想像が有効なアプローチとして活用されています。ホロニカル・アプローチでは，Jung（1935）にはじまり，Spiegelman, J. M. & 河合隼雄（1985），老松克博（2000）等のユング派の能動的想像の研究に多く示唆を得ています。

　能動的想像を求める場合，面接時の被支援者を映画監督に仕立てることがあります（映画監督法）。例えば，何度も執ように繰り返される悪夢の中の場面や登場人物を小物を使って外在化します。その上で，〈もし夢の続きを映画監督になって，どんな新しい展開でも作りだすことができるとしたら，どのような映画を作りあげますか？〉と求めます。

　悪夢が反復しているような場合，悪循環パターンから抜け出せないような人生脚本が無意識的な自動思考として，脳に深く刷り込まれてしまっています。そのため，通常の状態では，なかなか新しい生き方の人生脚本を自力では作りだせないものです。ナラティブ・セラピーでは，「ドミナント・ストーリー」と呼ばれています。陰のホロニカル的存在ばかりにとらわれている状態といえます。しかし，夢の続きの能動的想像という劇場的な時空間と，支援者のサポートを得ることで，日頃の呪縛的シナリオから脱却することができます。ナラティブ・セラピーでは，「オルタナティブ・ストーリー」と呼ばれています（小森・野口・野村編，1999）。さまざまなホロニカル的存在に気づく時，幾多のホロニカル的存在のホロニカル関係を自発自展的に自己組織化することができやすくなっていきます。

　反復夢から抜け出すことができると，そのことが実際の現実の生活でも，新しい人生の生き方への変化の契機となります。

〈事例7〉

　小学校3年生の男の子R君の夜驚の事例です。R君は，学校での友達との喧嘩を契機に，睡眠中に突然泣き叫ぶようになってしまいました。両親はR君を連れてさまざまな医療機関や大学の心理相談室にも相談してきたのですが，なかなか収まらず，知り合いの紹介で心理相談室にやってきました。

　紹介する面接は3回目です。

　2回目の面接の頃までには，学校生活では喧嘩相手の子どもたちとも，少しは遊べるところにまで友達関係は回復していましたが，両親の話では，時々，まだ夜驚があるとともに，毎晩，悪夢にうなされているようだとのことでした。

　箱庭を通じて，R君ともかなり打ち解けてきた感触を得たカウンセラーは，

Co：〈ところで，最近みた夢の中で何か覚えているものがある？〉とさらりと尋ねます。

　すると，途端にR君の顔は曇りますが，

R：「ある」と弱々しい声でなんとか返事することができます。

Co：〈どんな夢だったか覚えている？〉と，ゆっくりと緊張させないように聞いていきます。

　R君，自らはあまり思い出したくないようですが，一方では伝えようとする態度でもあります。

Co：〈お父さんやお母さんは，毎晩，怖い夢でもみているようだと心配していたけど，ひょっとすると怖い夢だったかな？〉と優しく包み込むように尋ねます。

　R：「うん」と返事をします。

Co：〈夢で覚えているところがあったら，教えてくれないかな〉とお願いします。

R：「……何か，怖いものが……たくさん追いかけてくる」と，悪夢についてポツリポツリと語り

第 7 章　ホロニカル・アプローチの主な技法

出します。

　そこでカウンセラーは，小物をつかって夢をできるだけ早く外在化しながら，夢のある一場面を一緒に再現していきます。安全で安心できる場で，悪夢を一緒に再現するという行為自体が，Ｒ君が悪夢と向き合うために大切なフレームワークになると考えているからです。

　夢の中の登場人物の中には，「たくさんの怖い妖怪」とともに，「妖怪」に追いかけられているＲ君自身も登場しているとのことです。

　そこで，面接室の中にある小物を使って「追いかけてくる怖い妖怪のようなもの」を外在化し，夢の中で追いかけられて背を向けているＲ君をオカリナで外在化します。

　ここまでの夢の舞台作りと演出はＲ君の年齢と夢の内容を考慮して，すべてカウンセラーがやっています（クライエントと能動的想像法の内容によっては，クライエントに舞台作りの段階から積極的に参加してもらうとより効果的です）。

　外在化された夢の再現場面にＲ君は同意します。準備は整いました。

　ここから映画監督法による能動的想像法のスタートです。

※ぬいぐるみはＲ君

Co:〈じゃあね。これから夢の続きの物語をＲ君に作って欲しいんだ。今のままでは夢の中のＲ君は，たくさんの妖怪のような怖いものに追いかけられて怖くて，背中を向けて必死に逃げている状態で夢は終わってしまっているよね。だから，夢の中のＲ君を今のＲ君が助けてあげて欲しいんだ。そのために，今からこの夢の続きを今のＲ君に想像して欲しいんだ。だって，これはただの夢だから，どんな風にも夢の続きを想像することができるからね。例えば，妖怪たちを，誰かにやっつけてもらうこともできるし，Ｒ君自身が戦ってやっつけることもできるからね。とにかく夢の続きのお話をどんな風につくりあげてもいいので，夢の中のＲ君が怖くないようにしてあげて欲しいんだ〉と声をかけます。

　しかし，Ｒ君はモジモジするばかりで，新しい物語がまったく浮かびません。

　実は類似事例でも，すぐに新しい物語を能動的に想像できる人はあまりいません。なぜならば，悪夢をつくり出す心的構造自体にはいまだ何も変化が起きていないためです。観察主体が妖怪と戦うような想像をちょっと抱いただけでも，観察対象の妖怪のエネルギーの方が増悪化し観察主体は観察対象の原始的エネルギーに呑み込まれてしまうのです。観察主体と観察対象の関係は，悪循環するフラクタル構造を形成したままであることを忘れてはならないのです。こうしたクライエントの壁を打破するためには，カウンセラーの共同研究的協働関係を図ろうとする強いサポートが必要です。

　そこで，カウンセラーは，新しい物語の創作例をいくつか例示します。

Co:〈どんな風にも自由に夢の続きを作っていいんだよ。例えば，妖怪のような怖い連中を，光線銃のビーム光線でもってビーン・ビーンと焼き殺してしまうとかね。救助隊の乗った空飛ぶ円盤が突然やってきて，Ｒ君を空から光のシャワーで包んでくれて空飛ぶ円盤に救い出してくれて，すごいスピードでどこか安全な別世界に連れていってくれるとか……〉とカウンセラーが積極的にサポートします。

　カウンセラーのトリッキーな言い回しにＲ君の表情が少し緩みます。

　そして，数秒後に……，

R:「ドスンした」と言い放ちます。思わず，カ

ウンセラーは,
　Co：〈ドスンって？〉と尋ねます。
　R：「空から円盤のようなものがドスンと落ちてきた」といいます。
　Co：〈妖怪たちの上に？〉
　R：「うん。妖怪たちの上に，大きな円盤のような重いものがドスンと落ちた」と言ったので，カウンセラーがクッションを円盤に見立てて妖怪たちの上におきます。

　この時，R君は，妖怪に対して背中を向けていたオカリナを反転させて，身動きできなくなった妖怪たちをみるポーズに変えます。
　カウンセラーは，一気に相手をやっつけるか，あるいは一気に夢の中のR君を救いだす案を出しましたが，R君は，カウンセラーに影響されつつもオリジナルの発想で，一気に相手を動けなくさせる方法を自分自身で思いついています。
　Co：〈なるほど。しつこく追いかけてくる妖怪たちの上に，突然，大きな円盤が落ちてきて，押しつぶしてしまうわけだ。いいアイデアだね。それで，こいつらはみんな死んで全滅しちゃったの？〉
　R：「死んでないよ。だって妖怪だもん」カウンセラーは，むしろ不安感や恐怖心がそう簡単には消失しないのは当たり前だな，R君の方がしっかりしているなあと感心しますが，じゃあ，どうすればいいのだろうと戸惑います。そこで，
　Co：〈ああそうか，相手は妖怪だったもんね。そう簡単には死なないか……そりゃそうだね。ところで，大きな円盤の下敷きになった妖怪たちは，今，どうなっているの？〉と思わず尋ねます。
　R：「助けてくれ！ 助けてくれ！ と言っているよ」と，低い声で妖怪たちの台詞を自ら口にします。ついに妖怪との立場が逆転したのです。観察主体が，観察対象に圧倒されなくなったのです。急にR君の言動もたくましくなり，余裕のあるものに変化しています。
　Co：〈そうか，相手はR君に向かって，今度は助けてくれ，助けてくれといっているんだね。さて，R君は今度はどうする？〉
　R：「光線銃を使う」「ビーン，ビーン」
　ついに安全と安心を確保したところで，カウンセラーが提案した光線銃を使って妖怪たちをついに殺すかと想像するカウンセラー。
　Co：〈妖怪たちは，みんな死んだ？〉
　R：「ウ・ウ・ウン」と首を振ります。
　Co：〈えっ，死ななかったの？〉
　R：「うん。だって，妖怪だもん。死なないもん。だから，小さくした」と，カウンセラーの想像を木っ端みじんに打ち砕きます。そして，R君の冷静さと優しさに触れて，妖怪をやっつけることばかり想像していたカウンセラーがなにやら自分自身の妖怪性を暴露してしまったような気恥ずかしさを覚え小さくなった気がします。
　Co：〈妖怪たちはどれ位小さくなったの？〉
　R：「みんな，すごく小さいよ。アリより小さいよ」
　Co：〈そうかみんなアリより小さくなってしまったんだ。それでみんなどうしているの？〉
　R：「タチュケテクレェ！ タチュケテクレェ！ と言っているよ」と，甲高い声で必死に助けを求める声を真似ます。
　Co：〈そうか。アリより小さくなった妖怪たちは，みんなタチュケテクレェ！ タチュケテクレェ！とR君に助けを求めているんだ。じゃあ，どうする〉
　R：「助けないよ」と笑いながら，あっさりと冷たく言い切ります。
　Co：〈助けないか〉
　カウンセラーが抱いた優しいR君のイメージが

再び微妙に"ゆらぎ"ます。

R：「こいつら馬鹿だよ。だって，もうアリより小さくなっているから，自分たちで逃げようと思えば，いつでも逃げられるのに，タチュケテクレェ！　タチュケテクレェ！　と言っているんだもん」といいます。

再びカウンセラーは，R君に一本とられたという気分です。R君にとっては，妖怪は怖いものどころか，まさにアリのように小さくなり，その怖さは自力で抜け出せるものにまでなったようでした。

両親の話では，この面接後，夜驚はみられなくなったとのことでした。

ナラティヴ・セラピーでは，クライエント自身では変えることのできない物語を「ドミナント・ストーリー」というようですが，映画監督法は，ドミナント・ストーリーを夢を使って外在化し，カウンセラーとの共同的協働関係の中でクライエント自身が新たな物語として「オルタナティブ・ストーリー」に再構成していく方法といえます（小森・野口・野村，1999）。

5　ただ観察

心的イメージ，身体的違和感や夢の自律的動きに対して，被支援者に受動的観察を求める方法を，「ただ観察」と呼びます。

「ただ観察」とは，善悪や好き嫌いなどの一切の判断をせず，物事を先入観もなしに，ひたすらありのままに観察し続けることです。

鈴木大拙の「観ることは，悟ることなり」や，西田幾多郎の「主客合一」や「純粋経験」のように，言葉の介在なしに自己および万物を観ることですが，識別・分別の意識が作用してしまい，一人でやってみようとすると，実際にはなかなか難しい技法です。

そこでホロニカル・アプローチでは，例えば，「閉眼して，今の身体の感じを，『ただ観察』し続けてみてください。何かしようとしたり，解釈したり，考えたり，分析したりせずに，ただひたすら……」「今，外の景色をただぼんやりとみてください。何かをしようとしたり，解釈したり，考えたり，分析したりせずに，ただひたすら景色を観察し続けてみてください。そしてそのうち何か感じてきたら……」「今，目の前にある振り子時計の振り子を，振り子になったつもりで見続けてみる」などと誘導的に教示しています。誘導的な教示のある時の方が，被支援者は受動的姿勢になりやすく，「ただ観察」がとてもやりやすくなります。

「ただ観察」に慣れてくると，自己と世界が無境界的関係になり，観察主体が無心になりきれると観察主体と観察対象が一致し，世界が生き生きと生命感あふれるものとなって立ち顕れてきます。

個人差がありますが，足の裏への「ただ観察」だけでも，しだいに足がジンジンしてきて，血の流れや，暖かくなる足を感じはじめ，その心地よさに無心になっていくことで，しだいに，ごく短い間だけですが，自己と世界の断絶がなくなり，あるがままに極めて近い体験を得ることができます。

「ただ観察」だけでも，それまで，何かにとらわれていた心的状態に変化が起きます。

「ただ観察」の姿勢は，観察主体が内在化している物事を識別する基準となっていたホロニカル主体（理）による判断を一時保留させます。すると観察対象はこれまでの観察主体からの制約からあたかも解放されるかのようにして，流動性を高めていきます。するとその結果，これまでの観察主体と観察対象の関係が自ずと変容していきます。

〈事例8〉

大学2年生，女性のSさんです。幼児期に，気管支喘息を患っています。中学時代にやんちゃくれからいじめを受けソフト部を退部した頃から，嘔吐，ふらつき，頭痛，不眠などの多彩な症状が出現しています。高校入学後，体調不良（倦怠感と頭痛）から不登校となっています。独学で高卒認定試験に合格し，大学進学後通院中の精神科クリニックからの紹介で心理相談室に通っています。

以下は，不眠の訴えのあった時の面接です。

S：「不眠傾向が強く，夜に勉強している」

Coは，〈不眠へのSさんなりの対応〉に焦点化

Holonical Approach

します。

S：「風呂に入ったり，運動したり，アロマをしたり，眠れるための努力をいろいろしているけど眠れない」「寝てもどうせゴロゴロしているだけだから勉強している」とのことです。

自助努力の最後の結末の明確化（後述の「無意識的行為の意識化」の技法）を図ると次のようにSさんは語りだします。

S：「最後はビールや酎ハイなどを一気に飲んで寝ている」「実は不眠もだけど，ずっと頭痛の方が長い悩み」「大学病院にいって自律訓練法をやったり，検査をしたりしてきたけど，うまくいかなかった。クリニックで薬をもらっているけど，胃にくるしあまり飲みたくない」

そこで，直近の頭痛症状への焦点化をします。

S：「目の奥から額にかけて，ズキズキする」「なぜか日曜日の朝になるとものすごく痛くなり，いつもひとりで悩んでいる」

Co：〈今は，頭痛はどんな感じ？〉

S：「ある。目の周りがズキズキする感じ」

閉眼による目の周りの感覚への観察を指示します。

Co：〈目を閉じて，ズキズキ感に，ただじっと観察する感じで集中してみてください。そして何か重さ，痛さ，形，色など，そのイメージが何かわかってきたら教えてください〉と，「ただ観察」の誘導的教示をします。

S：「重い……鉄の丸……鉄の塊のような」

Co：〈数とか重さとか大きさは？〉

S：「目の上に何個かある。これ位の大きさ（人差し指と親指で丸の形を作ります）。目の上に3つある」

Co：〈目は押されていますか，それとも押し返えそうとしていますか？〉

S：「眼球は目を閉じたいけど，それを開けようとして力が入っている」「それより今はもっと額の方に痛みを感じる」

その後，目の開閉をめぐる攻防戦が，目の痛みと頭痛の攻防戦となるというパターンがしばらく続きます。

Sさんの観察主体は，なかなか「ただ観察」のポジションを維持できません。観察主体が，なんとかしたいと思う度に，観察主体と観察対象をめぐる抗争となります。しかもその抗争は，そのまま目を閉じるか開けるかの抗争となり，そのことが目の痛みか頭痛かという症状の攻防に転換されています。

恐らく，Sさんは，観察主体が観察対象である症状をとろうとすることで，症状の増悪化を一層招くという長年にわたる観察主体と観察対象をめぐる悪循環を繰り返してきたと思われます。

そこで今度は，額の痛みの「ただ観察」の指示をします。

S：「今は，額の真ん中のあたりに痛みがある。額全体から奥にかけて発信されている」

そこで，今度は「発信」の感覚に焦点化します。

Co：「今度は，額の真ん中あたりの痛みを，ただ観察し続けてください。この時，観察しているSさんは，ひたすらただ額の真ん中の痛みを観察し続けてみてください。この時，なんかしようと一切せずに，ただ，ただ，ただひたすら観察し続けてみてください。そして何かわかったら教えてください〉と，「ただ観察」することを強調気味に教示します。

S：「電気のような感じ。ちょっとしたことですぐに反応し痛みを感じる」「ズキズキではなく，後でもっとひどくなる重い感じ。目の上の重いものより少し大きい」

Co：〈瞼の上の重みと額の重みのいずれかを，今扱うとしたらどっちを選ぶ？〉

S：「額の重み」

再度額の重みへの「ただ観察」の指示をします。

S：「集中すると特に重くなる感じ。ゴロゴロしてくる」

Co：〈集中しようとしたり，何かしようとしたり，解釈したり，考えたり，分析したりせずに，そのままずっと「ただひたすら，ただ観察」し続けていくと，ゴロゴロ感はどうなっていきますか？〉と，少し強めに何もするなという意味をもつ指示をします。

S：「少し柔らかくなってきて……鉄が少し柔らかくなってきて……あっ！　なんか形が変わってきた。少し軽くなってきた。……灰色から明るくなる。塊も，アニメのバウバウのように，ぐにゃぐにゃになってきた」

やっとSさんの観察主体は，「ただ観察」のポジションを維持し，観察対象の自律的変容を，観察続けることができるようになります。

Co：〈灰色で重く鉄のような塊が少し軽く明るくなって動きだし，バウバウのようにぐにゃぐにゃしてきて動きだしている。さて，それはこの先どうしたがっていますか。それがしたがっていることをしっかり，ただ観察し続けてみてください。そして何かわかったら教えてください〉

"観察対象がしたがっていること"を観察することを指示することで，Sさんの観察主体がなんとかしようとする意識がさらに働かないようにしています。

S：「それは動きたがっている。まわりに拡がって黄色くなって……アメーバーみたいに，散らばりたがっている。小さくって拡がっていく……」

Co：〈それがしたがっていることを「ただ観察」し続けてみてください。そして納得できるところまでいったら終えて，目をゆっくり開けてください〉

1人でずっと「ただ観察」を試みた後に開眼するSさん。

Co：〈今の気持ちは？〉

S：「少し軽くなりました」「家でもやってみます」と，これまでとは異なる感覚に驚きと喜びを見せながら語ります。

Sさんは，嘔吐，ふらつき，頭痛，不眠などの多彩な身体症状をなんとか改善したいとすればするほど，どうもかえって症状の増悪化を招いていたようです。何事も自助努力にて困難を克服していくという生き方が，身体症状に関しては悪循環につながっていたといえます。

しかし，Sさんは，「ただ観察」の体験を通じて，身体症状に関しては，そのまま自然に受け止める方が，軽減化に向かうこともあると体感したよう

でした。

Sさんは，その後，身体の疲労感を受動的に感じるようになるにつれて，ごく自然に夜眠くなるようになり，不眠傾向も改善に向かっていきました。

6　超俯瞰法

自己超越的視点から，"こころ"の内・外，または自己および非自己化された世界を対象化し俯瞰する方法を「超俯瞰法」と呼びます。

面接時の被支援者を，〈これまでの経緯をすべて知っている，なんでもお見通しの神様・仏様，空からずっとこれまでのことを見ていた鳥や，他界された信頼していた○○さんがみていたとしたら……〉といった俯瞰的な観察主体の視座に自己超越的存在を仕立てます。

〈なんでもお見通し……〉とすることで，鳥瞰図的な俯瞰だけではなく，自由無礙な俯瞰が可能になるように配意します。

外在化された観察主体と観察対象の関係自体を自己超越的観察主体（ホロニカル主体：理）から俯瞰し，その上で，外在化された自己超越的主体と観察主体や観察対象との間で自己言及的対話や自己再帰的対話を促進することで，観察主体と観察対象の間の不一致をより一致する方向に向けて自己組織化を促進します。

さまざまな視点から"こころ"の内・外の世界が被支援者と支援者の間で共有され，「これまでに反復してきた悪循環パターン」が自然に眺望的なイメージとして浮かびあがってきたタイミングで超俯瞰法が実施されると，もっとも効果的な変容が可能となります。

こうしたタイミングでは，被支援者と支援者の間で，人生の無常や悲哀が共有されています。そして人生の無常や悲哀の共有体験は，自ずと面接の場が「慈悲深い世界」で包まれるような性質を帯びるようになり，被支援者の自己が無常と悲哀を含む現実世界との関係において，より一致する方向に自己組織化していくことを可能とします。

超俯瞰法は，超俯瞰をする観察主体（全体）が

Holonical Approach

観察対象（部分）として包み込むとともに，観察対象（部分）が超俯瞰をする観察主体（全体）を自らの中に包摂していくことを促進します。こうした超俯瞰法による対話の結果，超俯瞰的観察主体と観察対象のホロニカル関係が自ずと促進されます。

超俯瞰法では，世界から自己を見るといったように視点が180度反転し，世界によって生かされている自己の存在に気づくことが多くなります。

超俯瞰法には，死と再生の繰り返しの視点から人生を振り返る作業が含まれていると思われます。

〈事例9〉

40代女性Tさん。実母と大学1年生の次女との家族関係のことで悩んでいます。

実母に関しては，Tさんが，ちょっとした実母の言動が気になって注意やアドバイスをすると，実母はすぐに感情的になり，皮肉や嫌みを口にするため，Tさんはいつも傷ついています。何を言っても実母は変わらないばかりか逆上することは，子ども時代からわかっているのですが，どうしても言わないでいられなくなり，言えば必ず嫌な思いをするという悪循環を繰り返してきています。

ところが次女との関係では，実母との関係と真逆です。Tさんからみると，次女は大学生活に馴染めず，バイトも休みがちで，とても心配な娘です。次女の言動には，Tさんからみてやり過ぎとかあまりにわがままと思う面があるのですが，心配を口にすることがあっても注意は全くできず，ひたすら悶々とする日々が続いています。

家族関係における悪循環パターンが，クライエントとカウンセラーの間で共有され出してきた頃の面接です。

T：「娘がバイトをドタキャンして……いかにも辛そうにしているので，風呂にでも入ったらというと，いいと拒否して……相変わらず私の作ったご飯も食べなくて……」

要約反射後，

Co：〈娘さんに，そんな態度をとられると，Tさんは，どんな気持ちになるのですか？〉

T：「悲しくなる」

Co：〈心配から言うことを，すぐに拒否されるのでTさんとしては悲しくなるんですよね〉

T：「大学もバイトも休みで家にいることが多くて……そんな娘を見ていると辛いので，できるだけ外にでています」とメランコリックに語ります。

その後，話題は夫の話に変わりますが，その話も，夫が法事などでいろいろ配慮して手伝おうとしているのですが，親族にまともに相手されないことを嘆くなど，メランコリックな話ばかりが続きます。

Co：〈相手のことを思って，言ったり，したりすることが，なかなか相手に理解されなかったり，拒否されることが多くて，なんか憂うつになることが多いんですね〉

T：（うなずきます）

その後，Tさんは，実母や次女について次のように語り出してきます。

T：「（実母も次女も）外では緊張がとても強い分，家の中では，結構，言いたい放題やしたい放題なところが似ているのかもしれない」

Co：〈なるほど，Tさんの母親も娘さんも外では，とても緊張が強い分だけ，家では，言いたいこと，したいことをするという面があるのですね〉

T：「実は私も同じようなところが……。外に出ている時は自分でもうまくやっていると思うんですけど，家に帰るとすぐにひどい偏頭痛に襲われるんです。娘も同じだと思うんです。それでつい心配になっていろいろ娘に言って嫌われてしまう」

Co：〈自分と似たところがある娘さんのことが心配で，いろいろと言うんだけど，すると娘さんに嫌われてしまうんですね。ところで，Tさんは，偏頭痛に襲われはじめた時には，どのように対応しているのですか？〉（後述する「無意識的行為の意識化」による対応）

T：「風呂に入って，お薬を飲んで，寝て復活している。翌日どうしてもやらなくてはいけないことがある時には，復活して……そうでない時は，惨めな気分でゴロゴロしている」

Tさんなりにいろいろ苦労されているんだなあと感じたカウンセラーは，そのままTさんの語りを共感的に反射します。

そして，このタイミングで超俯瞰法の実施を意識しだします。

Co：〈ところで，すべてのことをお見通しの仏様や神様のようなお母さんにもしもTさんがなれたとしたら，Tさんの抱く理想のお母さんはどのようなイメージなのですか？〉

T：「見捨てもせず，といって過剰に心配をし過ぎもしない母親」

Co：〈見捨てもせず，といって過剰に心配をしすぎもしない母親のイメージなのですね〉

T：「ええ」

そこで，カウンセラーがTさんを小物の「オカリナ」で外在化し，理想とする母親イメージの外在化をTさんに求めます。するとTさんは，「観音様」を選択します。

超俯瞰の準備が整いました。

カウンセラーは，〈理想の母親（観音様）〉から〈現在の自分（オカリナ）〉を対象としての超俯瞰法を実施します。

Co：〈見捨てもせず，といって心配をし過ぎもしない母親が空から地上をみているとしたら，外出時には自分でもうまくやっていると思うけど，家に帰ると偏頭痛がひどく，風呂に入って，お薬を飲んで，寝て，翌日どうしてもやらなくてはいけないことがある時には，復活している地上の自分に向かって，どうしてあげますか？〉

※写真内のぬいぐるみはTさん

T：「（笑いながら）"よしよし"する。ハグする」

Co：〈"よしよし"とハグされたこの自分（オカリナ）は，どんな気持ちになり，どうしますか？〉

T：「うれしい」

Co：〈次の日どうしてもやらなければならないことがなくて，家で惨めな気分でゴロゴロしている自分には，この空からみている観音様のような見捨てもせず，といって心配をし過ぎもしない母親は，どうしますか？〉

T：「"よしよし"する」

Co：〈するとこの子（オカリナ）は〉

Holonical Approach

T:「癒される，うれしい……なるほど……ああそうか」と，これまで次女に自分を投影して同一化していたTさんは，次女に対する日頃の自分の態度と理想の母親との明らかな差異に体感的に気づきます。

Tさんの"こころ"の中にはTさん自身が嫌う母親イメージが現実の母親の影響もあって内在化されてしまっていました。しかし内在化されてしまった既存の母親イメージは，Tさんにとっては理想の母親イメージからするとほど遠いものでした。それだけに，Tさんは，現実の実母に対して理想の母親を求めながらも，ハグして欲しいとはいえず，ひたすら不満から外罰的になってしまっていました。しかし，実母にはうるさく小言を言うのとは裏腹に，自分と同一化している次女に対しては，つい心配過剰な母親の面ばかりが露出してしまい，そのことにTさん自身が内罰的になっていました。

しかし超俯瞰法は，不適切な母親イメージを内在化した観察主体と観察対象（実母，次女，自己自身）をめぐる悪循環パターンの壁を破ります。超俯瞰法というフレームワークの中で，理想の母親イメージを想像的に演じる中で，日頃の自分との差異のポイント（心理的に"よしよし"することの大切さ）に気づいていきます。

"よしよし"して欲しかったのは，まさにTさん自身であり，そのことへの気づきが，娘に対してとるべき態度への気づきになっていったのです。

7　スケール化法

解決志向型のブリーフセラピーでいう「スケーリング・クエスチョン」(DeJong & Berg, 2007) や，EMDR（眼球運動による脱感作と再処理法）(Shapiro, 1995) で使用される主観的障害単位尺度（SUD：subjective unit of disturbance scale）などと同じように，主観的な感覚などを数値化する方法を「スケール化法」と呼びます。

例えば，最悪の状態を0点，最高の状態を10点とし，〈今何点ですか？〉と被支援者に質問をしたり，〈あと1点あがったとしたら，今と何が変わっていますか〉などと質問をすることによって，現状認識やゴールの認識の明確化を図ります。

苦悩に伴う問題についてもスケール化を図ることもできます。例えば，〈いままで，最も緊張の強かった場面での緊張度合いを10とし，まったく緊張がなかった場面の緊張度合いを0とした時，その時の緊張度合いは0－10の数字に置き換えると幾つくらいですか〉と尋ねたりします。

「緊張」の代わりに「不安」「心配」「吐き気」「痛み」「怒り」「悲しさ」などの言葉をもってきてもいいでしょう。また，過去と現在の数値の差異を取り上げながら，〈何が前と違っていますか〉と「差異の明確化」を図ることも効果的です。

何らかの理由で言語化することや年齢的に複雑な主観を表現することが難しい場合などに活用されます。「スケール化法」は，適切な観察主体の樹立や強化につながります。

〈事例10〉

中学校2年生の長男が1年生の5月の連休あけから全欠状態です。2年生になれば登校するかと期待していましたが，もう1年近く経過しても全く登校の気配もなく，昼夜逆転の上に，友達からの連絡にもまったく"こころ"を閉ざしてしまいました。途方にくれ，心配とイライラを隠せなくなった母親のUさんは，スクールカウンセラー（以下，Scと略記）のところに相談にきました。

Sc：〈今の長男の状態は，100点満点でいうと何点ですか？〉

U：「20点です」

Sc：〈20点とつけたのはどういう気持ちからですか？〉

U：「前は担任の家庭訪問の時には，顔を見せていましたが，最近は，昼夜逆転の生活がひどくなって担任が来てもまったく会おうともしないので……でも，夕食は私となんとか一緒に食べているので，20点かと……」

Sc：〈どんな風になって欲しいですか？〉

U：「やっぱり学校に登校して欲しい。保健室登校でもいいと担任はいってくれているので，せめて保健室でもいいので学校に登校して欲しい」

Sc：〈もし保健室登校できたらお母さんにとっては20点が何点になりますか〉

U：「60点です。そうなればとてもうれしいです。もう1年近くも学校に行っていないので教室には入りにくいと思うので保健室でいいので登校してくれれば60点です」

Sc：〈もし保健室登校ができたならば，20点から一気に60点になるのですね。40点アップですね〉

U：「ハイ」と希望に満ちた表情となります。

Sc：〈そうなるといいですね。ところで，今の長男さんを一番そばでみているお母さんからみて，近いうちに保健室登校ができそうな確率はどれくらいありますか？〉

U：「（途端に肩を落として）とても無理だと思います。夕方になって起きてくる状態なので，10％以内かと」

Sc：〈そうですか。今は，まだ保健室登校を2週間後に期待することは難しいのですね〉

U：「ハイ」

Sc：〈ところで，現在が20点とするならば，どんなことを長男さんがすれば，5点から10点アップになりそうですか〉

U：「えっ。そういう風に考えたことはなかった。でも，そうですね……夕食を食べた後，すぐに自分の部屋にこもってしまうので，せめて，もう少しリビングにいられないかと……でも，私や夫がいると居づらいんでしょうね。でも，先日，一緒にテレビで映画をみましたから，せめてもう少し

一緒にテレビでも見られる時が増えるといいですね」

Sc：〈もし夕食後リビングで一緒に家族とテレビを見る時が増えたら何点アップですか〉

U：「10点アップです」と再び明るい顔になります。

2週間後Uさんは少し明るい表情でやってきます。

Sc：〈この2週間は何点でしたか〉

U：「35点です。あれからリビングで一緒にテレビドラマを見る時が3回ほどありました。それに映画を見たいというので，日曜日に久しぶりに親子3人で映画を見にいってきました」

支持的に要約反射しながら，

Sc：〈よかったですね。一緒にリビングでテレビドラマを見る回数が増えただけでなく，親子3人で映画まで見に行けたので15点もアップした感じなのですね〉

U：「ハイ」

Sc：〈ところで前の20点の時と今回の35点の間の15点の差異の変化は一体何が影響したのか，何か思い当たることがありますか〉

U：「あります。あれから主人と話し合ったのです。すぐに学校に行くのは無理かなあって……」「今は，せめてもう少し家庭の雰囲気を前のように楽しいものにできないかと……」「そうしたら主人は，前からそう思っていたと言うんですね。私があまりに思い詰めているので，かえって長男も負担になっていないかと気にしていたと……」「でも，主人のその一言で私も開き直って，とにかくテレビドラマを楽しもうと思って，それがきっと長男にとって家族とも話しやすくなったんでしょうね。映画に行きたいといいだしたんです」

8　無意識的行為の意識化法

人は心的危機に陥った時，ほとんど意識することもなく生き延びるためのある防衛的行動を取るものです。例えば，ひどい罵声・否定的言動を毎日浴びせられ，時として暴力をふるってくる相手と何らかの理由でどうしても離れることができな

Holonical Approach

い場合などでは，ほんの少しでも相手に反発すると，よりひどい仕打ちが返ってくることを学習します。その結果，いつも相手の機嫌を悪くしないように従順で服従的な言動をとるようになることがあります。

しかし，こうした言動も何も考えることなく，ただ受動的にいつまでも引き受けてしまっていると，卑屈な気分が慢性化し，罵声・否定的な言動が刷り込まれてしまって，自己否定的自己像が形成されてしまいます。

ところが，"卑屈な思いに苦しみながらも，過酷で厳しい状況に耐え抜いてきた"という視点から，これまで無意識のうちにとってきた行為のほとんどが自己防衛的なサバイバル術であったことに気づくと，むしろ自信回復やエンパワーメントにつながることがあります。

こうした気づきを促進する方法を，ホロニカル・アプローチでは「無意識的行為の意識化法」と呼んでいます。

〈それで，その後どうしたの？〉〈それで，その後どんな行動をとったの？〉と，とても過酷な状況に遭遇した時に無意識のうちにとった具体的行動に焦点化します。この時，内我の抱いた苦悩ばかりに焦点化し共鳴するだけではなく，その後にとった時系列的な具体的な行為のプロセスの意識化と共有化を促進する質問がレジリエンスの実感・自覚のために大切となります。苦悩・苦痛を抱きつつもそこに耐え生き延びるために現実主体（我）が半ば無意識のうちにとった言動に焦点化し，それを自己保存のためにとったぎりぎりのサバイバル法として支持することで，外我の強化を図ることが大切になります。

"こころ"を原子炉に比喩すると，原子エネルギーを創造的なエネルギーに変換するためには，核融合反応が外部に露出しないようなしっかりとした容器が必要となるように，"こころ"にも，"こころ"の心的エネルギーが，そのまま外部に露出しないようにするために，"こころ"の容器を形成するような"こころ"の壁が必要になります。

ホロニカル・アプローチでは，"こころ"には二重の壁があると考えています。ひとつは内我で，もうひとつが外我です。内我は，自己と世界の出あいの直接体験と出あいに伴う生々しいエネルギーをそのまま統合的に受け止める"こころ"の第一の壁です。もっぱら自己の内側から湧きあがってくる衝動・欲動・情動・表象・身体運動感覚などと相対する第一の壁といえます。それに対して，第二の"こころ"の壁が外我です。外我は，もっぱら，外的世界から自己に向かって進入してくるさまざまな力動的エネルギーから自己を守るための"こころ"の壁であるとともに，内我との内部調整を図る壁ともなっています。

自己と世界の出あいにおいては，自己と世界が不一致となることが常にありますが，強いトラウマ体験などに遭遇すると，内我は，不一致に伴う憤怒などの"こころ"の激しい核融合反応に匹敵するような原始的エネルギーをうまく統合しきれません。すると激しい原始的エネルギーは，そのまま外我に達してしまいます。もし，外我が原始的エネルギーを調整・制御できずに外我の壁まで破れてしまうと，原子炉の破壊に匹敵します。そうなっては，"こころ"の二重の壁をもっていた"こころ"の容器そのものが破壊され，自己と共に周辺の人たちにも破壊的衝撃を与えてしまいます。それでは放射能汚染のように，根深いトラウマ体験が自己および周辺の人々の記憶の中に刻み込まれることになります。

しかし，人は，こうした心的危機の時にこそ，無意識のうちに何らかの自己防衛的反応を生死ぎりぎりのレベルでもとるように思われます。

それは現実主体（我）が，自己保存のために行う半ば自動的な自己防衛反応のように思われます。

そこで，ホロニカル・アプローチでは，無意識のうちにとった自己防衛的反応の意識化を図り，意識化後は，無意識のうちにとっていた方法を意識的にとれるようにすることで，心的危機に主体的に対処できる力を育もうとします。

こうした作業は，被支援者のレジリエンスを高め，エンパワーメントにつながっていきます。

〈事例11〉

ひとりっ子の14歳のV君は、児童相談所の児童福祉司のところに隔週で通所しながら面接を受けています。V君は小学校入学と同時に母方祖母の家で母と一緒に住むようになるまでの間、苛酷な家庭環境の中で育ちました。父親の気分しだいで一貫性の欠けた躾と称した体罰や威圧・否定による不適切な養育をうける日々だったのです。母親に守ってもらった覚えがないどころか、時として母親にも叩かれたり、食事を抜きにさせられていました。父親が母親にも暴力を振るうようになって、母親はV君を連れて実家に小学校の入学を契機に逃げ帰り、V君が小学校5年生の時に両親は正式に離婚しています。

V君は、父親からの暴力や罵声・否定など、パワーによる支配からは安全で安心できる家庭環境を手に入れることができたのですが、ちょっとしたことで母親との言い争いが絶えず、そのたびに母親が「出て行け」と叫び、V君は、「出ていってやる」と売り言葉に買い言葉でのバトルが続いています。

昨日もそんなバトルがあったところです。そこで児童福祉司（以下、福と略記）による面接では、「無意識的行為の意識化」を使って、V君をサポートします。

福：〈昨日もお母さんと出ていけ、出てってやるとの激しいバトルがあったんだね〉

V：「あんな奴どうでもいい。もういやだ。誰のおかげでここまでこれたと思っているんだと怒る」「俺は別に産んでくれと頼んだ覚えなんかない。あいつが勝手に産んだんだ」「おまえは、お父さんとそっくりだという。お父さんの血だ。おまえなんかお父さんのところへ行けばいいと物を投げる」と昨晩のことを思い出して怒りを吐き出してきます。

児童福祉司は、画用紙に家の間取り図を書いてもらって、その間取り図上で小物を使って昨晩のバトル場面を再現します。

場面再現法は、昨晩の出来事の詳細な共有化を可能とすると同時に、面接時のV君が昨晩の出来事を少しでも冷静に振り返ることのできる適切な観察主体の確立にもつながります。

場面再現法の実施によって少しV君の気分が落ち着いてきたタイミングで、母親と激しくぶつかったあとの「無意識のうちにとった行為の意識化」を図ります。破壊的エネルギーによって、ひびの入った"こころ"の容器の修復作業のスタートです。母親とV君の愛憎の確執の中で飛び出した破壊的エネルギーが、実際にはどのような経緯をたどって収拾していったかのプロセスの意識化を通じて、決定的な対立を避けた現実の実感と自覚の促進を図るのです。

福：〈ところで、昨晩、出ていけ、出て行ってやると激しく言い争った後、V君は一体どうしたの？〉

V：「えっ……どうしたっけ……物置に行って、そのままそこで寝た」

福：〈物置で寝たの？ 6月とはいえ、朝方は寒くなかった？〉

V：「別に……段ボールを布団にしたから」

福：〈なるほどね。ダンボールって結構暖かいんだってね。それからどうしたの？〉

V：「朝早く、あいつがまだ起きてくる前に、そっと部屋に戻って制服に着替えて、それから公園に寄ってから学校にいった」

福：〈そうか、母親の寝ている様子をちゃんと見届けながら、隙を狙って、制服に着替えて、母親と顔を合わさないようにするために、公園にいってから学校にいくという方法を取ったんだ。なる

ほどね。いい方法だね〉

V：「いつものことだから」

福：〈そうかいつものパターンなんだ。学校では，一番早い生徒かな〉

V：「そうだよ。学校の先生も，また何かあったのかというよ」

福：〈学校の先生もいつものパターンと知っているんだ〉

V：「そうだよ。先生に，早く学校へ来いといわれているから……」

福：〈そうか，学校の先生たちもお母さんとのバトルが時々あることを知っていて，それで，そういう時は早く学校に来いといってくれていて，それでV君も物置で過ごして，朝早くに学校に行くことで，できるだけお母さんと喧嘩しないように工夫しているんだね〉

V：「まあね」

福：〈でも学校が終わってから，家に帰ったらどうなるの？〉

V：「どうなるって？　別に，何もないよ」

福：〈何もないって？〉

V：「帰った時は，まだあいつは仕事から帰っていないし，帰った時は，2人とも口をきかないし……」

その後の展開も場面再現法にて再現していきます。すると，学校から帰った時には，母親は仕事からまだ帰っておらず，V君は，そのままテレビを食堂兼リビングで見たりゲームをして過ごします。そこへ母親が帰宅しますが，お互い会話を一切せず，淡々と過ごします。夕食は，祖母が毎日作ったものをそれぞれが別の時間帯に食べているため，どうしても必要なことがない限り，会話をせずに過ごしていることがわかりました。

また，物置利用と早朝登校以来，母親とのバトルが，月に何度もあったのが，1〜2回に減ってきていることもわかってきました。

福：〈……という方法で，V君なりになんとかやり過ごすようになってきているんだね〉

V：「そうだよ」と，面接当初の憤怒でいっぱいだったV君は，ちょっと誇らしげな言い方に変化

していきます。

V君が日頃V君なりに何気なくとっている行動の意識化と共有化し支持することで，V君の主体的問題解決の力が育っていきます。

9　スポット法

何かを意識するとは，観察主体が多くの観察対象からある対象だけに意識のスポットライトを当てることといえます。この時，ある対象ばかりを過剰に意識する状態を，執着状態ということができます。

執着とは，特定の出来事に観察主体が"こころ"を奪われ視野狭窄的になって，他の対象をまったく観察対象としなくなってしまう状態といえます。観察主体が陰のホロニカル的存在ばかりに近視眼的になってとらわれてしまっている状態といえます。

苦悩に伴う頑固な問題の多くは，こうした観察主体による特定の観察対象に対する視野狭窄的執着によって形成されます。

そこで，こうした状態から抜け出るためには，観察主体が特定の観察対象（陰のあるホロニカル的存在：例えばA）ばかりに近視眼的になっている状態から，それ以外の対象（ホロニカル的存在：B，C，D，E，F……）にも観察主体の意識がいくようにすることが必要になります。特定の対象（陰のホロニカル的存在：A）から，少し心的距離をおいて，より全体（Aを含むB，C，D，E，F……）を眺望できるようになることです。自由無礙な観察主体から，より全体を観察できるようになることです。すると，意識野が自ずと拡大し，特定の出来事ばかりが意識野の多くを独占してしまう状態から抜け出やすくなり，他の出来事や他の気分に気持ちが移り変わっていくことが可能となります。

しかし，あまりに執着心が強い場合や強烈なトラウマ性のフラッシュバックが頻発する場合などには，観察主体が観察対象に融合的になっているため，陰性感情に呑み込まれてしまっている観察主体の意識を他に切り替えるためには，陽性感情

を伴って没頭できるような強烈な別の対象が必要となります。

　頑固な陰性感情を伴う反復強迫現象とは，特定の不快な気分を基盤として半ば自動的に作動する神経学的な自己照合システムによる興奮（陰のホロニカル的存在）といえます。そこで，強烈な反復強迫から脱出するためには，まずは，気分が快感となる出来事や没頭できるもの（陽のホロニカル的存在）を人為的に起こし，新しい自己照合システムのネットワーク化を図るか，または他の気分（落ち着いた状態）によって作動する既存の自己照合システムのネットワーク化を強化することが必要になります。

　そして次の手続きとしては，適切な俯瞰的観察主体から，さまざまな自己照合システム同士の連合強化を図ることが必要になります。

　このような手続きを簡略化し構造化した技法が「スポット法」です。

　A4程度の用紙と外在化用の小物があればできます。

　まず，A4の用紙の中心に直径10cmほどの円を描きます。これを意識のスポットライトを浴びる場とします。

〈事例12〉

　大学生のWさんです。長年つきあっていた彼氏が，親友の女性とつきあいだして，彼から別れ話をされてしまい大混乱に陥っての心理相談室への来室です。次に示す面接は，スポット法を使ったある面接です。Wさんも元彼も友人もみんな同じ大学内のテニスサークルに所属しています。臨床心理士（以下，Coと略記）との面接です。

　W：「浮き沈みがあった」「ここに来た頃の3カ月前ほどひどくはなかったけど，前回の面接以降，ひどく落ち込む時があった」「今度の大学のテニスサークルの大会にやっと参加する気になって参加の申し込みをしたら，今回のテニス大会の運営委員をやっている元彼から，悪いけど今回だけは参加を見合わせてくれないかと言われて，その時は，えっと思いつつも彼の立場を考えて思わずいいよ

と返事をしてしまったけど，後になってから，すごく腹がたってきて……」（ここまで適宜要約反射で対応）

　Co：〈……と言われると，さすがに怒れますよね〉と，この段階に至って共感的に反射。

　W：「来ないでくれと言われた時に落ち込み，2〜3日してから怒れてきて」と，浮き沈みの激しかった前回面接からの2週間を振り返るWさん。この振り返りの中で，カウンセラーは，沈む気落ちだけではなく，怒れるという気持ちもあることを感じ取ります。

　面接では，恐らく悪気はないのであろうが，デリカシーに欠ける元彼のイメージを2人で共有化後，スポット法を実施します。

　デリカシーに欠ける元彼を小物（『ウミシカ』）でカウンセラーが外在化し，スポットの中心に置いて次のように言います。

※写真内のぬいぐるみはWさん

　Co：〈元彼のことに今のWさんは，"こころ"がとらわれ，前よりはよくなったもののテニス大会のことで再び浮き沈みを繰り返してきました。そこで"こころ"の中のこのスポットから，とりあえず元彼にご退場いただくとするならば，一体どのあたりまで遠くに出ていってもらいますか？〉

　W：「そうですね」

　そこで，『ウミシカ』をカウンセラーがスポットからが遠ざけていくと，

　W：「もっと，もっと」「見えなくなるまで」ということで，カウンセラーが，テーブルの下に置

くことを求めてきます。

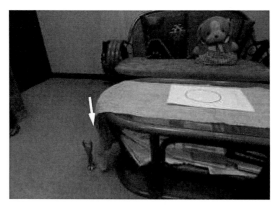

※写真内のテーブルの左下の床にまで遠ざけられたウミシカ（元彼）。

W：「まったく視界の外」と笑うWさん。
Co：〈ここまでか〉と笑う。
Co：〈では，次にこのスポットの真ん中には，どんな気持ちが湧きあがってきますか？〉
W：「テニスの練習をしなくちゃという思い」
Co：〈では，その気持ちをこの部屋の小物で表現するとしたら，どれにしますか？〉

Wさん，小さな楽士を選択します。
Co：〈それをスポットの脇に置くとしたら，どのあたりに置きましょうね〉
スポットの円の線上に置くWさん。

Co：〈では，次にこのスポットの真ん中には，どんな気持ちが湧きあがって来ますか？〉
W：「友達とテニスに行きたい」
Co：〈では，その気持ちをこの部屋の小物で表現するとしたら，どれにしますか？〉
『片手をあげる人』を選択するWさん。

※左から；ウミシカ。小さな楽士。片手をあげる人

第 7 章　ホロニカル・アプローチの主な技法

※左から；天使。水瓶をもつ女性，小鳥

Co：〈それをスポットの脇に置くとしたら，どのあたりに置きましょうね〉

スポット外の少し離れたところに置くWさん。友達とテニスをしたいという気持ちは，テニスの練習をしなくちゃという気持ちよりは，"こころ"の意識の中心部からは，"こころ"の脇に遠ざけることができるようです。

スポット法では，湧きあがるある気持ちを脇に遠ざける度に，さらに次々と別の気持ちが湧きあがってくるとともに，それぞれの気持ちに対する微妙な心的距離の差異が空間的表現に置換されて表現されます。その結果，カウンセラーはクライエントの繊細かつ複雑な内的世界を，外的な空間に可視化された形で共有することができます。それ以上にクライエント自身が最初の気持ちを"こころ"の脇に置くことで，複雑な気持ちを抱いていることに自己言及的かつ自己再帰的に気づくことができます。

Co：〈では，次にこのスポットの真ん中には，どんな気持ちが湧きあがって来ますか？〉
W：「実は，甘い物ばかり食べ過ぎていて，なんとか減らせないかと……」
Co：〈では甘い物を減らしたいという気持ちを，この部屋の小物で表現するとしたら，どれにしますか？〉

Wさんは，『天使』を選択。

Co：〈それをスポットの脇に置くとしたら，どのあたりに置きましょうね？〉

スポットの線上から少し離れたところに置くWさん。

Co：〈では，次にこのスポットの真ん中には，どんな気持ちが湧きあがって来ますか？〉
W：「寂しい」
Co：〈なるほど，寂しいという気持ちが出てきたのですね。それでは，寂しいという気持ちを，この部屋の小物で表現するとしたら，どれにしますか？〉

Wさんは，『水瓶をもつ女性』を選択。

Holonical Approach

Co:〈それをスポットの脇に置くとしたら，どのあたりに置きましょうね？〉
スポットの線上に置くWさん。

Co:〈では，次にこのスポットの真ん中には，どんな気持ちが湧きあがって来ますか？〉
W:「悲しい」
Co:〈なるほど，今度は悲しいという気持ちが出てきたのですね。それでは，悲しいという気持ちを，この部屋の小物で表現するとしたら，どれにしますか？〉
Wさんは，『小鳥』を選択。

Co:〈それをスポットの脇に置くとしたら，どのあたりに置きましょうね？〉
スポットの線上で『水瓶をもつ女性（寂しい）』に寄り添うように『小鳥（悲しい）』を置くWさん。

Co:〈では，次にこのスポットの真ん中には，どんな気持ちが湧きあがって来ますか？〉
W:「何も……」とついに底をつきます。
Co:〈ところで，登場したいろいろな複雑な気持ちの中で，今，現在，このスポットの中央にもう一度改めてもってきたい気持ちをひとつだけ選ぶとしたら，どれにしますか？〉と問います。
すると，ぱっと明るい表情になって，
W:「やっぱりテニスの練習をしたい自分をもっていきたい」と意思表明をします。この時，最初は「テニスの練習をしなくちゃといっていた言い回しが，「テニスの練習をしたい」と微妙に変化しています。
Co:〈今はテニスの練習を一番したいんですよね〉といいながら，Coが『小さな楽士』をスポットの中央に置き直します。

そして,

Co：〈では，もし中央にテニスの練習をしたいという気落ちを置いた時，他の気持ちの位置はどうなりますか。もし位置が変わるようならば置き直してみてください〉

すると,「友達とテニスをしたい」という気持ちを意味する『片手をあげる人』を，スポットの中央に置かれた「テニスの練習をしたい」という『小さな楽士』の側に置き，あとは，すべてさほど差異がなくなったという感じで，『小さな楽士』と『片手をあげる人』を見守るように,「甘い物を減らしたい」『天使』も「寂しい」『水瓶をもつ女性』も「悲しい」『小鳥』も一律にスポットの線から僅かに離れたところに，ほぼ等間隔に置きました。

そして,「元彼」を意味する『ウミシカ』の存在は，Wさんばかりでなく，Coにも忘れられてしまいました。

スポット法は，はじめに執着していた気持（陰のホロニカル的存在：A）だけでなく，他の気持ち（B，C，D，E，F……といった他のホロニカル的存在）がAというホロニカル的存在の奥ともいうべき潜在的な心的世界にあることへの実感と自覚を促すとともに，複雑な気持ちに揺れる自己や"こころ"の全体像を浮かび上がらせることができます。

そしてある程度，複雑な気持ちが出尽くしたあたりで，もっとも大切にしたい気持ちを，再度スポットの中央部に持ってくることによって，事例のようにつながりを失いかけていた複雑な気持ち同士の関係の再編成を促すことができます。

10　三点法

安全感・安心感をもたらす自己と世界の一致の直接体験に伴うホロニカル体験と，被支援者が執着している自己違和的体験（トラウマ体験を含む）との間を行ったり・来たりする自己自身を適切な観察主体から観察することで，自己違和的体験に伴う不快感，警戒心，恐怖感，緊張感や否定的認知（いずれも陰のホロニカル的存在）の軽減または緩和を図る方法を「三点法」と呼びます。

自己違和的体験（陰(いん)のホロニカル的存在）は，自己と世界の不一致体験の累積に伴う陰性感情と深く結びついた思考の枠組み（不適切なホロニカル主体：理）を自己照合システムとして自己組織化しています。逆にホロニカル体験（陽(よう)のホロニカル的存在）は，自己と世界の一致の累積に伴う陽性感情と深く結びついた思考の枠組み（適切なホロニカル主体：理）を自己照合システムとして自己組織化しています。自己違和的体験（陰のホロニカル的存在）とホロニカル体験（陽のホロニカル的存在）は，まさに不一致と一致の極地体験といえます。

自己違和的体験は，自己にとってその存在を脅かすほどのものであればあるほど過敏な自己照合システムを形成します。その結果，一旦スイッチ・オンするとなかなか鎮まらず強迫的反復性を帯びます。その背景には，神経生理学的な興奮の高さが想定されます

「三点法」は，自己違和的体験に伴う神経生理学

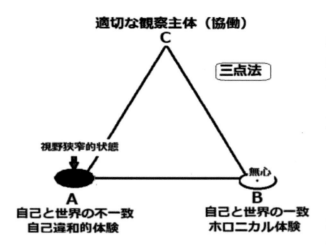

図6　三点法モデル図
A点：自己違和的体験；被支援者の自己と世界の不一致の直接体験；
　　陰のホロニカル的存在
B点：ホロニカル体験；被支援者の自己と世界の一致の直接体験；
　　陽のホロニカル的存在
C点：適切な観察主体；被支援者と支援者の共同研究的協働による
　　俯瞰

的な興奮の鎮静化を，陽性感情を伴うホロニカル体験の想起などを促しながら図ります。また，できるだけ自己違和的体験ばかりでなく，ホロニカル体験を含むもっとさまざまな直接体験の全体を，適切な観察対象から俯瞰できるようになることを促進します。

陰性感情を随伴する自己違和的体験の興奮の鎮静化は，気分の安定化をもたらします。気分の安定化は，自己違和的体験への執着からの脱却を促すばかりではなく，ホロニカル体験を含むさまざまな直接体験のすべてを包摂することを可能とするような新たな自己照合システムを自己組織化していきます。このプロセスの中で，これまでの不適切なホロニカル主体（理）に変わる適切なホロニカル主体（理）が新たに創発されていきます。こうしたプロセスにより，自己が，自己と世界がより一致する方向に向かって，新たな自己照合システムを自己組織化していきます。

「三点法」の実施にあたっては，図6の自己違和的体験（A点），ホロニカル体験（B点），適切な観察主体（C点）を，小物や描画によって可視化して実施するとより効果的です。

一般的にいって，一見，A点に固執した語りをする被支援者にあっても，自己違和的体験が，浅く軽微な場合にあっては，被支援者の観察主体の視点はC点を維持できています。その結果，支援者がひたすら被支援者の語りに対して受容的傾聴に心がけていれば，一時的に被支援者の観察主体がA点に呑み込まれかかっても，被支援者自らがC点やB点に移動することが可能です。

しかしながら，被支援者の自己違和的体験が深く重篤な場合や観察主体が脆弱な場合は，カウンセラーが，被支援者の語る自己違和的な体験をひたすらただ受容的に傾聴し続けていると，被支援者のA点に関する語りはエンドレスの語りになるとともに，執着心を一層強化してしまう危険があります。そこで，こうした場合には，支援者が，ホロニカル体験（B点）や適切な観察主体のポジション（C点）への移行をサポートする必要が出て来ます。

B点のホロニカル体験への移行の促進の仕方については，下記の2つの方法があります。

①被支援者の過去においてすでに体得しているホロニカル体験の想起と増幅・拡充を図る方法。
②面接の場という「今・ここ」における被支援者のホロニカル体験の体得を促す方法。

A点に執着的になることがあるとしても，適切な観察主体（C点）をある程度確立している被支援者ほど，B点のホロニカル体験を豊富に持っていることが多く，①の方法による効果が見込めます。

しかし，被支援者のホロニカル体験が不足だったり，C点の観察主体が脆弱な場合は，②の方法である「今・ここ」の被支援者のホロニカル体験の充実化を積極的に促進する必要があります。

いずれの場合でも，観察対象A点やB点と一定の心的距離を保ち，かついつでもA点とB点との

間を行ったり・来たりすることを可能とするような「適切な観察主体」（C点）の確立・強化・補完が重要といえます。

また、被支援者が、自己違和的体験に強い陰性感情を伴いながら執着・拘泥している場合にあっては、被支援者の観察主体は、すでにA点に呑まれ近視眼的になって視野狭窄的状態に陥っているため、支援者が積極的に陽性感情が付随するホロニカル体験（B点）への移行をサポートしないことには、視野狭窄的状態（A点）から被支援者は自力でA点から抜け出すことができません。

A点からB点への移行のサポートの具体的方法としては、被支援者の自覚の有無に関係なく、何かに無我夢中になって没頭したよきホロニカル体験の想起を促したり、今まさに過去の自己違和的体験に"こころ"を奪われかけている状態を指摘し、まずは深呼吸によって、乱れた"こころ"の沈静化（生理神経学的な興奮のクールダウンを図る感じ）を図り、その次に観察主体の視点をA点以外に向かうように促します。

面接の場という「今・ここ」における、被支援者のホロニカル体験への没入を促すには、次のような教示の例があります。

「今・この瞬間の外の景色をひたすらボーッと見てみる」「今・この瞬間のすべての音に耳をじっとすませてみる」「今・この瞬間、おしりの触れているソファーの感触に意識を集中してみる」「今・この瞬間、足の裏がスリッパに触れている感触に意識を集中してみる」「今・目の前にある振り子時計の振り子を、振り子になったつもりで見続けてみる」「今・目の前にある小物を手に触れて、その感触を味わってみる」などです。

被支援者の観察主体の意識のチャンネルが、「内的世界の自己違和的感覚や記憶表象」から、今この場という「安全・安心できる外的世界」に切り替えることができるならば、いろいろな方法が上記以外にもあり得ると考えられます。

ホロニカル体験が布置する途端、被支援者のA点への執着は、"こころ"の脇や背景に隠れます。そして、過去のホロニカル体験の想起であろうと、

現在のホロニカル体験であろうと、今後は、ホロニカル体験から被支援者の観察主体が目覚めると同時に、被支援者の観察主体は、やっと、今・この世の現実に戻ったかのようにして、適切な観察主体（C点）の位置に立つことができます。被支援者は、まさに今・現在に目覚めた感じの表情になります。

こうして、A点→B点→C点というプロセスの移行が成立します。

適切な観察主体（C点）が布置すると、自ずと、C点の観察主体からA点の自己違和的体験を心的距離をもって観察できるようになります。しかし、C点に達しても、すぐにA点に観察主体が呑まれて、観察主体は近視眼的になり視野狭窄的状態にすぐに陥る場合がしばしばあります。そうした時は、再び、今・ここでのホロニカル体験を促進したり、過去のホロニカル体験の増幅・拡充をはかり、A点からB点への移行を促します。そしてホロニカル体験から目覚めると同時に、自ずとC点の適切な観察主体の視点に再び戻ることができます。

自己違和的体験が、根深いトラウマ体験だったりする場合には、自己違和的体験（A点）からホロニカル体験（B点）に切り替わっても、すぐに自己違和的体験のA点に逆戻りします。こうした時は、被支援者とA点からB点に戻ることの大切さを話し合いながらB点への移行を再び図ります。それでもだめな場合は、A点の契機となった自己違和的体験を小物によって外在化し、適切な観察主体が布置するまで、小物化された自己違和的体験を、被支援者の視野から少しずつ遠ざけていくか、さもなくば視界から小物化された自己違和的体験が消えるようにします。そうすると、被支援者の適切な観察主体（C点）が布置しやすくなります。

三点法の繰り返しによる実施は、A点からB点への意識化された脱出手段が豊富になるとともに、A点からの脱出時間が短くなることによって、A点に執着していた時と比較すると、マイナスの感情が和らぎ、かつフラッシュバック現象やパニッ

Holonical Approach

ク発作の頻度が著しく減少していきます。それとともに，過去の自己違和的体験に"こころ"が奪われ，日常生活にも支障が出ていた状態から，日常生活がより生きやすいものに自ずと変容していきます。

「過去の自己違和的体験（トラウマ体験を含む）に支配されていた現在」が，「自己違和的体験が過去のもの」となります。自己違和的体験ばかりに意識のスポット・ライトを当てていた状態から，自己違和的体験そのものは意識の周辺に遠のいていく感じになります。

しかし自己違和的体験は，想起そのものが苦痛となることが多く，不用意に過去の記憶に触れると，それまで否認・隔離されていた自己違和的体験が刺激されることによるさまざまな身体的症状や陰性感情の露出化やフラッシュバック現象を強めてしまう危険性があることにはくれぐれも留意する必要があります。特に強烈なトラウマ体験などの自己違和的体験を扱う時には，こうした危険性に十分に配慮する必要があります。

配慮とは，自己違和的体験と向き合う準備と覚悟などの心的条件整備のことです。

・面接の時空間が絶対的に安全かつ安心であると感じられていること。
・日常生活では，継続的な自己違和的体験にさらされていないこと。
・面接中，被支援者が過覚醒・過緊張・麻痺状態に陥っても，すぐに抜け出すことのできるリソースを被支援者と支援者が獲得していることが大切です。

ホロニカル体験をもたらすリソースとしては，最近ハマっている出来事の記憶の想起，心地よく感じた場所のイメージ，幼児期の楽しかった体験の記憶の想起，視点を内界から180度切り替えて，「ボーッと外を眺める練習」や，「今・ここで，足の裏やお尻が何かに触れている接触面の身体感覚への集中」「振り子時計の振り子を振り子になったつもりで眺める」など，先に挙げた対応を徹底

することが大切です。

ホロニカル体験には個人差がありますが，被支援者の観察主体が無心となって観察対象と一体化することを促す点ではすべて同じです。

面接中の被支援者が，自己違和的体験に拘泥し近視眼的になっていく時には，傾聴し続けるのではなく，〈ところで……〉と間を入れ，ホロニカル体験の促進や想起を促す必要があります。そうした働きかけがあってはじめて，被支援者は視野狭窄的状態から抜け出て，Ｂ点やＣ点に移動することが可能となります。被支援者の観察主体は，Ｃ点に移動することができてはじめて，「今・ここ」の現実世界に戻ってくることができるのです。

こうした変化は，被支援者の眼球の動きや何気ない姿勢・仕草などの非言語的変化として現れます。自己違和的体験という内的世界に，"こころ"を奪われ，今・ここに心あらずの状態だったクライエントが，今・ここのこの世に，あたかも生還したかのような表情や言動と共に復帰してくる印象です。

三点法では，面接外でもホロニカル体験をもたらす外的・内的リソースを徹底的に増やすことの大切さを共有します。ある人は，無心にキャベツを切ることです。ある人は，福山雅治のことを想起することです。ある人は，外の景色をみることです。ある人は，ただひたすら走り続けることです。それぞれ人によってホロニカル体験をもたらすものは異なるので，被支援者と一緒にリストづくりをするのもエンパワーメントにつながっていきます。

また視野狭窄的状態から抜け出すことを可能とした出来事をノートに記載するなどのホーム・ワークを課すこともあります。執着状態に対しては短く事件名のタイトル（例えば，「過食事件」）をつけるだけにしてあまり詳細を想起せず，むしろ執着状態からの脱出を可能とした出来事（例えば，「目の前のガスレンジの掃除に専念した」など）を事後的に振り返ってリスト化するなどしたノートを作成するのです。そうすることで，ノートを見る度に，たくさんの脱出方法があることの実感・自

覚を促すのが目的です。

　ホロニカル体験の場合でも自己違和的体験への執着の場合でも，いずれも観察主体が観察対象に没頭しているという意味では同じです。しかし，自己違和的体験への執着ではマイナスの気分が随伴する自己と世界の不一致体験への没頭であり，ホロニカル体験の場合ではプラスの気分が随伴する自己と世界の一致体験への没頭という決定的差異があります。三点法は，自己違和的体験とホロニカル体験の行ったり・来たりを人為的に行うことで，自己違和的体験によって形成された自己照合システムを，ホロニカル体験に伴う自己照合システムに順次切り替えていく効果をもたらしていると思われます。

　過去の自己違和的体験の適切な直視や想起のためには，適切な観察主体の強化がまず必要です。そのためには過去から現在に至るホロニカル体験の意識化・共有化・蓄積化を図ることが重要となるのです。

　そうでないと，被支援者の観察主体は，すぐに執着の世界（Ａ点）に圧倒され呑み込まれてしまうからです。もし，適切な観察主体の視座を被支援者が維持できなくなるならば三点法は中断すべきです。中断した場合は，今・ここが安全で安心できる場であることを再体験してもらうために，呼吸法，足の裏への集中や心落ち着くものを触るなり見るなどすることを通じて，神経生理学的興奮状態からのクールダウンや緊張状態からの弛緩を図る必要があります。

　三点法は，被支援者と支援者が共同研究的協働関係を樹立することによって被支援者が適切な観察主体を確立するとともに，面接の場での安全・安心を手がかりとして，自己違和的体験とホロニカル体験を往復することによって，自己と世界にまつわるあらゆる出来事がホロニカル関係にあるということへの気づきを深めていく技法といえます。

　なお，三点法を数回実施したところで，外在化された三点を前にして，①～⑪のような心理教育的示唆や説明を加えると，より効果的な変容を引き出すことができます。

①適切な観察主体のポジションＣ点を獲得し，Ｃ点からＡ点を俯瞰できるようになると，Ａ点に近視眼的視野狭窄的になっていた時と比較して，陰性感情，過警戒感，過緊張，否定的自己観の軽減化が見られること。それとともにＡ点が遠く感じ，Ａ点以外にまで視野が広がることの意識化と共有化。

②Ａ点での執着状態の継続は，原子炉の炉心溶解に匹敵し，その破壊的エネルギーはすさまじいものになる危険があるが，もしこだわりのエネルギーをＢ点で活用できるならば，いろいろな創造的活動が可能となることの共有化と，それが可能になった時の具体的生活のイメージの意識化と明確化の促進。

③Ａ点に執着している時間・密度の高さによる心身の消耗の「もったいなさの印象」の伝達。

④Ａ点の現象を取り去ろうとしたり，消そうとしたり，無くそうとすることによって，かえってＡ点に意識が滞留する結果，陰性感情を伴ったマイナスの脳神経学的ネットワークを一層形成してしまう悪循環の指摘。それよりはＢ点に無我夢中になる時を増やし，陽性感情を伴ったプラスの脳神経学的ネットワークを形成することのメリットの説明。

⑤苛酷な状況に生き延びるために子ども時代から無意識のうちに行っていたサバイバル法の意識化と意識的活用の徹底的奨励。

⑥Ｂ点に移行するためのよき方法の共同研究的協働作業への協力依頼（例：〈何かいい脱出策があったら同じ悩みを抱えている人たちにも是非参考例として伝えたいので，共同研究への協力をお願いします〉）。

⑦Ａ点への執着時と，Ｂ点への無我夢中時と，Ａ点Ｂ点からも，今・この瞬間の世界に立ち戻った時のそれぞれの感覚や気分の差異の明確化と共有化。

⑧過去・現在・未来の区分ができているＣ点からの語りと，過去・現在・未来が融合してしまうＡ点での語りと体感の差異の明確化。

⑨苛酷な状況との遭遇による自己の生命保存反応，自己防衛反応による過剰学習としてのＡ点への執着の可能性の示唆。

⑩Ａ点への観察主体の没入状態をユーモアを伴っ

Holonical Approach

たわかりやすい言葉で説明する。オカリナの頭に当たる部分を小さな壺の中に突っ込まさせながら，〈まさに，こうして，どつぼにはまってしまう〉といいながら外在化するなどして説明します。

⑪ホームワークの奨励。

〈事例13〉

一過性のトラウマ体験（事故現場の目撃）に対する三点法の活用です。20歳代の女性Xさんの例です。

Xさんは，ホロニカル・アプローチを学ぶために心理相談室に隔週に通っている教育相談担当の教員の方です。

ある時，セッションの最初からとても表情がいつもと違って暗く，精彩を欠いています。

何かあったのかとすぐに推察される状況のため，カウンセラーが，〈何かあったの？〉と声をかけます。すると……，

X:「一昨日の夜，地下鉄で飛び込み自殺があって……それが目に焼き付いてしまって，夜になると思い出してしまって……」と憂うつそうに語り出します。

Co:〈一昨日の夜の地下鉄での飛び込み自殺が目に焼き付いてしまって，夜になると思い出すようになったんですね〉と淡々と鏡映的に反射することで，Xさんの観察主体（C点）が，トラウマ体験時の気分や記憶に圧倒されず，C点の位置をできるだけ維持できるように配慮しながら応答します。

X:「しんどい。焼き付いてしまって……」

Co:〈目に焼き付いてしまった後，どうされましたか〉と，なにげなく「無意識行為の意識化」を促進しています。

X:「そのまま布団に入って……モヤモヤしてくるので，そのまま寝ました」「でもまだ血の跡の記憶が残っているので……」

Co:〈眠れましたか〉

X:「まあ，なんとか」

見た時の気分を「スケール化」を使って明確化することによって，適切な観察主体（C点）の強化を図ります。

Co:〈見た時はどんな気持ちでしたか，またその時の気持ちを最大を「10」とし，まったくない状態を「0」とするといくつになりますか？〉

X:「怖いが10」「怒りが7」

Co:〈どんな気持ちからの怒りのようですか〉

X:「落ち着ける場所を奪われた怒り」

Co:〈ところでXさんにとって，落ち着ける場所って，どんなところですか？ これまでの人生の中でとても落ち着けたなあと思った場所の記憶があったら教えていただけますか〉と内的リソース（B点）の想起を求めます。

第7章　ホロニカル・アプローチの主な技法

X：「実家の縁側で，ひなたぼっこしていた時」
Co：〈その場面を，ゆっくりと思い出していただけますか？〉
Xさんは，ゆっくりと想起をはじめる態度となります。
Co：〈今，Xさんはどこにいるんですか？〉
詳細に聞き取ることで，あたかも今がその時の時空間であるかのようにB点のホロニカル体験（B点）の増幅・拡充を図ります。

X：（閉眼。思わず笑みがこぼれながら）「縁側です。近くに猫がいます。リラックスしています。猫が膝の中にいて，猫ものんびりとしています」
Co：〈他に何か見えますか〉

X：「タンポポが見えます。ふわーっと通る風，日差しはやわらかい」
Co：（共感的に場面再現しながら）〈時間はいつ頃ですか？〉とホロニカル体験（B点）のさらなる増幅・拡充を図ります。
X：「昼すぎです」
Co：（再度，こと細かく再現後）〈それでは，今から，その風景を写真にとって，その写真をいつでもとりだせるように身体のどこかの宝箱に入れることができますか？〉
X：「ハイ，簡単にできました」
Co：〈どこにしまいましたか？〉
X：「ここのあたりに（みぞおちあたりを両手でさする）」
Co：〈それでは，また取り出してみて下さい〉
X：「ハイ，できました」
（適切な観察主体が，内的リソースを出し入れ自由になるまで何度も試みます。C点とB点を自由無碍に往復する力の強化です）
Co：〈さて，今，恐怖感は数字で表現すると？〉

X：（笑いながら）「0です。まったくありません」
Co：〈怒りは〉
X：「やはり0です」
スケール化によってC点の適切な観察主体の強化を図ります。

Holonical Approach

Co:〈それでは，今度は，目に焼き付いてしまった場面を思い出していただけますか〉

（Xさんは途端に顔を歪めます）
Co:〈それでは，先ほどの恐怖感10や怒りの7などに何か変化がありますか？〉
X:「不思議，靄がかかっている。恐怖感は8。怒りは2くらいになりました」
Co:〈それでは，もう一度，写真を取りだしてください〉

X:「ハイ，できました」
Co:〈季節は春ですか？〉

X:「ハイ，サクラが咲きかけていました」
Co:〈風の感じとか，温度とか感じられますか？〉
X:「ハイ，南から北に流れる風ですね」「穏やかな暖かい日です」
（再構成後）
Co:〈それでは，もう一度，一昨日の目に焼き付いた場面を思い出していただけますか〉

X:（顔を歪めますが……）「あっ，小さくなっている。遠くになっている」

Co:〈先ほどの恐怖感8は〉
X:「6」
Co:〈怒りの2は〉
X:「0です。怒りはない」

このように三点法の実施による自己と世界の不一致のトラウマ体験の記憶は，自己と世界の一致のホロニカル体験の想起の度に，最初の強烈なフラッシュバック的焼き付け状態から，薄い記憶になり，かつ遠ざかった感覚になっていきます。

〈事例14〉

シンガーソングライターを夢見る精神科クリニックで投薬治療中の休学中の大学生Yさん（男性）は，医師の了解のもとで開業の心理相談室に通っています。家庭環境は，愛情があるものの適切な表現が苦手で，精神的にも不安定な母親と姉がいます。Yさんは，家族のみならず，友人や知人のちょっとした言動に対して過敏に反応し，過去のトラウマ体験と現在の出来事が時系列的に融合したり，自・他境界が弱くなったり，意識と無意識の境界も一時的に相互侵入的になります。そうな

ってしまうと，すべての出来事の関連づけが強くなり被害妄想的になります。

心理面接では，洞察や内省はむしろ危険と判断し，ホロニカル・アプローチでいう「観察主体強化」を目的とした支持的面接を基本にします。「観察主体強化」とは，現実主体（我）支持的・強化的な対応であるとともに，日常生活における生き苦しさをできるだけ和らげることのできる具体的な社会的スキルの獲得を目指す方法です。

次に紹介する三点法を実施した面接は，Ｙさんの知覚亢進も小康化し，現実見当識も良くなり，別れ話を何度も繰り返していた彼女との関係も安定化し，投薬治療の処方の方針も固定化し，疲れやすいものの交際中の彼女とのちょっとした外食程度ならば外出が可能になりだした頃のある日の面接です。

Co：〈今日は，どんなことについて整理をしましょうか？〉

ホロニカル・アプローチでは，毎回の面接のはじめ方の質問ひとつをとっても，「○○について相談したい」「○○について整理したい」という相談内容の明確化を図る作業を通じて，クライエントの主体的意識を少しでも高めるための創意工夫を行っています。そうすることで「相談関係における問題解決の主体はクライエントにある」という主体的意識の回復または強化を促進するのが目的です。

Ｙ：「昨日あったことで，今日は一睡もできず……」と焦燥感を伴った切迫した感じで尻切れトンボに語り出します。不眠状態は一目瞭然です。まだボーッとしたままで，視点もいつものようにしっかりと定まり切っていません。

Co：〈昨日，何かあって，そのことでずっと一睡もできず，そのまま今日の面接にやってこられたのですね？　それで？〉とゆっくりと返します。

ホロニカル・アプローチでは，〈それで？〉という質問をしばしば使用します。使うタイミングはクライエントが語りの主役の立場でありながら，クライエントの語りの末尾にあたる述語が尻切れトンボに終わるため，つい語りの主導権をカウン

セラーが引き継ぎそうになるのを防ぎたい時などに使用します。もしそのまま尻切れトンボの語りをカウンセラーが感情移入的に継承してしまうと，忽ちクライエントは対話の受け身の立場になってしまいます。しかしながら〈それで？〉と問い直すことで，再度，クライエントが語りの能動的立場か，國分功一郎（2017）が指摘する受動態と能動態の中間の中動態に戻ることができます。ホロニカル・アプローチが共同研究的協働関係を構築することに徹しようとする態度から生まれた技法のひとつです。このようにホロニカル・アプローチでは，〈被支援者が問題解決の主役〉であるというフレームワークが徹底されます。

Ｙ：「それで……嫌なことがあった時，切り替える方法について再度確認したい」と，今回の面接の主訴の明確化を自ら図ることができます。

実は，この時 Co は「再確認したい」という言い回しに少し驚いています。というのは，すでにこれまで何度も，Co としては「無意識的行為の意識化法」「三点法」「場面再現法」「対話法」などあらゆる技法を駆使して，意識の切り替え方の社会的スキルの獲得を図ってきていたのですが，今回は，Ｙさん自らがはじめて「再確認したい」と自覚的に申し出てきたからです。

〈三点法モデル図〉で言えば，Ａ点からＢ点への移行を促す対策はすでに沢山編みだされています。「好きな○○の曲を聴く」「グランディング（地に足をつける）」「好きなフィギュアを眺める」「○○さんの顔を思い出す」「カラオケに行く」「シャワーを浴びる」など……沢山あります。しかもこれらの対策は，紙に書いて自室の机の前の壁に貼ってあります。したがって，今回，驚きを禁じ得なかったのは，「再確認したい」という意識に含まれている「適切な観察主体（Ｃ点）の内在化」を象徴するかのようなＹさんの主体的問題意識の萌芽の動きを Co が感知したことによります。ついにＹさんの観察主体に共同研究的協働関係の感覚の内在化が始まったという手応えもありました。

Ｙさんは「嫌な出来事」である「陰のホロニカル的存在」に自己違和感を感じ，不快な気分に

Holonical Approach

圧倒され気味になりつつも，他方では，安全で安心できる面接の場にＹの身体的自己が同調しようとしはじめています。再確認を焦る衝動的切迫感と，場のもつゆったりとした感覚との狭間にあって，Ｙさんが"ゆらぎ"出した感じです。そこでＹさんにゆっくりと次のように伝えます。

　Co：〈不安な気持ちで考えると，かえって不安を強めてしまう考え方に流れやすく，焦る気持ちで考えを急ぐと，かえって焦りを強めてしまうような考え方に流れやすいので，ここはひとつ再確認をする前に，いつものように気持ちを落ち着かせましょうか〉と提案します。

　Ｙ：「ハイ」と，すでにCoの提案に誘導されるようにして落ち着きだします。

　Co：〈では，いつものように深呼吸（丹田方式の腹式呼吸）をしてみましょうか〉

　Ｙ：「ハイ」

深呼吸は，開眼で，吸う時は鼻で，吐く時は口を使っています。吸う時は，いい空気をゆっくりと身体全体に行き渡るように吸うことを求めます。吐く時は，両肩の力を緩め，肩を落とす感じを味わうとともに，お腹の中の嫌な気持ちが口から外に吐き出されるようなイメージでゆっくりと行うことを求めます。Ｙさんはすでに何度も実施しているのでスムーズに深呼吸ができます。今回は3回ほど実施するだけで相当落ち着いてきます。

落ち着いてきたＹさんを見届けて，次に，

　Co：〈では，次に，いつものように，「今・ここ」に意識を合わせていきます。さあ，音に注目してみましょう。いつものように，いろいろな音が聞こえてきます〉

　Ｙさんは，すべての音に耳を傾けはじめ，目を自然に閉じます。

　Co：〈エアコンの音……車の通る音……水槽の水の流れる音などが聞こえてくるかも知れません……〉とCo自身，静寂の中でごく自然に聞こえてくる音をひろっていきます。「今・ここ」への目覚めを促進するワークにもＹさんはすでに慣れているため，聴覚的な「今・ここの世界」にすぐに入っていくことができます。

まだＹさんが慣れていない頃は，〈今・何が聴こえますか？〉と質問することで，音に無心になることを促進していましたが，今はそうした誘導もなく，Ｙさんの観察主体は，「今・ここにおける音の世界」にすぐに無心になっていくことができます。カウンセラーは，「三点法モデル図」のＢ点の世界を面接の場に創り出そうとしているのです。

ホロニカル・アプローチ的には，音というホロニカル的存在（観察対象）にＹさんの観察主体が無心となって一体化（ホロニカル体験）することを促進していることになります。次に，

　Co：〈では次に，いつものように足の裏を感じてみてください。ジーンとしてきて，少し暖かく感じてくるかもしれません〉

この「今・ここにおいて，自己と世界が触れあっている接面に集中するワーク」もすでに何度も実施してきていますので，すぐにＹさんは足の裏に集中できます。

　Ｙ：「ハイできました」

　Co：〈では，次に，いつものように今ソファに座っているお尻の感覚に集中してみてください〉

　Ｙ：「ハイ，できました」

身体的自己と世界の直接ふれあっている「接面」にＹさんの意識を集中してもらうことで，身体的自己（自己）と物理的世界（世界）とのホロニカル体験による一体化を促進しています。

　Co：「では，今度は，軽く外の景色をぼんやりと見てみてください，ふっと何かが見えてきたりします」

第7章　ホロニカル・アプローチの主な技法　103

Y：「あっ，チョウチョが飛んでいます」
Co：〈あっ，本当，飛んでいる〉
しばらく2人ともチョウチョ観察です。
Co：〈それでは，最後に，この部屋にあるあの振り子時計の振り子を，振り子になったつもりで眺めてみてください〉

Yさんの観察主体が無心となって，視覚的ホロニカル的存在（観察対象）と一体化（ホロニカル体験）することを促進しています。
Y：「ハイ，できました」
Co：〈ハイ，だいぶ落ち着いてきたようですね。では，ここらあたりで，「嫌なことがあった時，それを切り替える方法について再確認したい」ということでしたので，そのことについて今から再確認の作業をはじめようと思いますが，よろしいですか？〉
Y：「ハイ」
Co：〈ところで，嫌な気持ちについて，今はどんな風に感じていますか？〉
面接開始当初は，自己違和的体験であるA点からB点への意識の切り替え方について，焦燥感と

切迫感がとても強い感じで語りだしていたYさんでしたが，それ自体嫌な気持ちからの切り替える方法である〈今・ここ〉というホロニカル体験（B点）を何度も体験した直後のYさんに，「面接開始当初の気分」と「今・この瞬間の気分」との「差異の明確化」を図ります。
すると，
Y：「嫌なことは，嫌でいいと思う。嫌なことを切り替えようとしていたけど，嫌なことは嫌でいいのではないかと，嫌なものを嫌でないものにしようとしていたけど，そんなことしなくてもいいのではないかと」と面接当初とは全く異なるすっきりとした表情で語ります。
「今・ここ」という面接の場で，YさんとCoが共にホロニカル体験（陽のホロニカル的存在）を共有していた体験から目覚めた瞬間のYさんの観察主体は，ごく自然に三点法モデル図のA点の「どつぼにはまっていた」状態から，適切な観察主体のC点に立っていたのです。YさんとCoの共同研究的協働関係の樹立によって成立する俯瞰的視点の布置です。この時のYさんは，陰のホロニカル的存在に観察主体が視野狭窄的近視眼的になってA点に執着していた面接開始時のYさんとは，もはや同じではありません。A点という自己違和的体験を抱きつつ，B点というホロニカル体験も体感したYさんは，その気分においてもA点の時とは異なり，A点とB点の矛盾を同時に合わせもった気分が面接の場において布置しているからです。
「新たな気分」の布置は，新しい自己照合システムを作動させ，「新たな考え」を創発します。その結果，「嫌なことは，嫌でいいと思う。嫌なことを切り替えようとしていたけど，嫌なことは嫌でいいのではないかと，嫌なものを嫌でないものにしようとしていたけど，そんなことしなくてもいいのではないか」という「新たな考え」を生み出したのです。
Yさんの観察主体（自己）と観察対象（ある出来事）をめぐる不一致体験が，心理相談という場におけるYさんとCo（世界の象徴的存在でもあ

Holonical Approach

る）との一致体験によって，Ｙさんの観察主体と観察対象をめぐる不一致の関係が，より一致する方向に向かって変容したといえるのです。

　しかしながら，

　Ｙ：「いいですか。どんなことがあったか具体的に話しても……」と，「新たな考え」を得たＹさんでしたが，新たな考えにじっくりととどまることができず，再び，すぐにでも嫌な出来事について吐き出したいという次の衝動（Ａ点）に突き動かされるかのようにして語りだします。Ｙさんは，三点法の事例13のような単発性のトラウマ体験のようには簡単には適切な観察主体の立ち位置（Ｃ点）を維持できません。そのためＹさんに対しては，三点法の視点による相談は何度も何度も根気よくその後も繰り返されました。

　そしてある時です。Ｙさんは，次のように語ります。

　Ｙ：「そういえば，昨日，眠れなかったので，自作の曲を作って歌っていた」と，眠れない夜の"こころ"の"ゆらぎ"の中で，無意識のうちに行っていた行為のことを思い出し，その時に創作した歌の詩の一節を見せてくれます。

　Ｙ：「誰かのパクリかもしれないけど」と恥かしそうにノートをCoに差し出します。

　そこには，

「彼は彼，俺は俺，みんなそれぞれさ」

　とありました。

　詩は，Ｙさんのすぐに内界と外界が融合的になっていた観察主体が，適切な保護的ホロニカル主体（理）が内在化することによって，自分と他者，意識と無意識，内界と外界などを適切に区別することのできる適切な観察主体を樹立しだしたとともに，自分と他者の差異をそのまま包摂する力をもちはじめたことを意味するものでした。

Holonical Approach

文　献

Capra, F.（1975；吉福伸逸ほか訳，1979）．タオ自然学．工作舍．

Ciompi, L.（1997；山岸洋・野間俊一・菅原圭悟・松本雅彦訳，2005）．基盤としての情動；フラクタル感情論理の構想．学樹書院，pp.57-58, 127.

DeJong, P., & Berg, I. K.（2007；桐田弘江・玉真慎子・住谷祐子訳，2008）．解決のための面接技法；ソリューション・フォーカスト・アプローチの手引き［第3版］．金剛出版，p.114.

Greenberg, L. S.（2006；岩壁茂訳，2006）．感情に働きかける面接技法：心理療法の統合的アプローチ．誠信書房，p.序2.

Greenberg, L. S.（2011；岩壁茂・伊藤正哉・細越寛樹監訳，2013）．エモーション・ファーカスト・セラピー入門．金剛出版．

Grof, S., & Grof, C.（1990；安藤治・吉田豊訳，1997）．魂の危機を超えて．春秋社．

Heisenberg, W.（1971；山崎和夫訳，1974）．部分と全体．みすず書房，pp.127-131.

廣瀬幸市（2005）．場の理論による心理療法モデルの射程．大谷学報，第84巻2号，1-23.

廣瀬幸市（2007）．複雑系からみた心理療法理解：心理療法基礎論に向けて．大谷大学真宗総合研究所．

廣瀬幸市（2009）．心理療法システムから見た顕在的身体／潜在的身体；心理臨床における身体．創元社，pp.222-231.

福島脩美（1997）．カウセリング演習．金子書房，pp.39-40.

今田高俊・鈴木正仁・黒石晋編（2001）．複雑系を考える；自己組織性とはなにかⅡ．ミネルヴァ書房．

井筒俊彦（1980）．意識と本質—東洋哲学の共時的構造化のために．In：『井筒俊彦全集 第6巻』，2014．慶應義塾大学出版会，p.206.

井筒俊彦（1993）意識の形而上学．In：『「大乗起信論」の哲学』，2001．中央公論新社．

Jantsch, E.（1980；芹沢高志・内田美恵訳，1986）．自己組織化する宇宙．工作舍．

Jung, C. G.（1935；小川捷之訳，1976）．分析心理学．みすず書房，pp.271-290.

神田橋條治（1996）．治療のこころ；第7巻．花クリニック神田橋研究会，pp.17-20, 25-30.

Kauffman, S.（1995；米沢富美子監訳，1999）．自己組織化と進化の論理．日本経済新聞社．

河合隼雄（1992）．心理療法序説．岩波書店，pp.36-43.

河合隼雄（1995）．臨床教育学入門；子どもと教育．岩波書店，pp.39-53.

Kierkegaard, S.（1982；桝田啓三郎訳，1961）．キルケゴール；世界文学大系27. 筑摩書房，p.290.

小林道憲（2000）．複雑系社会の倫理学；生成変化の中で行為はどうあるべきか．ミネルヴァ書房，p.16, 89.

小林道憲（2007）．複雑系の哲学；21世紀の科学への哲学入門．麗澤大学出版，pp.48, 218-219.

Koestler, A.（1978；田中三彦・吉岡佳子訳，1983）．ホロン革命．工作社．

國分功一郎（2017）．中動態の世界—意思と責任の考古学．医学書院．

小森康永・野口裕二・野村直樹編著（1999）．ナラティヴ・セラピーの世界．日本評論社．

黒崎宏（2009）．〈自己〉の哲学．春秋社，pp.37-38.

Mindell, A.（1982；藤見幸雄監訳，2002）．ドリームボディ．誠信書房．

西田幾多郎（1911）．善の研究．In：『善の研究』，1950.岩波書店，p.35.

西田幾多郎（1932）．無の自覚的限定．In：『西田幾多郎全集 第5巻』，2002. 岩波書店，p.148.

西田幾多郎（1937）．行為的直観．In：上田閑照編『論理と生命他四篇：西田幾多郎哲学全集Ⅱ』，1988. 岩波書店，pp.301-331.

老松克博（2000）．アクティヴ・イマジネーション；ユング派最強の技法の誕生と展開．誠信書房．

Piaget, J.（1964；滝沢武久訳，1968）．思考の心理学．みすず書房．

Prigogine, I., & Stengers, I.（1984；伏見康治・伏見譲・松枝秀明訳，1987）．混沌からの秩序．みすず書房．

定森恭司（2005）．第1回 学校心理臨床とは：第2章 学校心理臨床の特徴．In：定森恭司編『教師とカウンセラーのための学校心理臨床講座』．昭和堂，pp.36-37.

定森恭司（2015）．ホロニカル・セラピー：内的世界と外的世界を共に扱う統合的アプローチ．遠見書房，pp.162-166.

斉藤環（2015）．オープンダイアローグとは何か．医学書院．

Seikkula, J. & Arnkil, T. E.（2006；高木俊介・岡田愛訳，2016）．オープンダイアローグ．日本評論社．

千賀則史（2017）．子ども虐待；家族再統合に向けた心理的支援．明石書店，pp.178-201.

監修者　氏原寛，村瀬孝雄，山中康裕（1992）．心理臨床大辞典．培風館，p.174.

Shapiro, F.（1995；市井雅哉監訳，2004）．EMDR；外傷記憶を処理する心理療法．二瓶社．

Spiegelman, J. M. & 河合隼雄（1985；町沢静夫・森文彦訳，1994）．能動的想像法；内なる魂との対話．創元社．

杉原保史（2009）．統合的アプローチによる心理援助；よき実践家を目指して．金剛出版，p.18.

鈴木大拙（1939）．無心ということ（無心ということ（2007）．角川学芸出版，p.序9.

鈴木大拙（1961）．東洋的見方．In：鈴木大拙著，上田

Holonical Approach

閑照編『東洋的な見方』，1997．岩波書店，p.20.

鈴木大拙（1962）．自由・空・只今．In：鈴木大拙著，上田閑照編『東洋的な見方』，1997．岩波書店，p.72.

竹村牧男（2002）．ブッタの宇宙を語る；華厳の思想（下）．日本放送出版協会，p.32.

Wachtel, P. L.（1997；杉原保史訳，2002）．心理療法の統合を求めて─精神分析・行動療法・家族療法．金剛出版，p.97.

Wilber, K.（1977；吉福伸逸・菅靖彦訳，1985）．意識のスペクトル1．春秋社，p.序5.

Wilber, K.（1982；井上忠ほか訳，1984）．空像としての世界；ホログラフィをパラダイムとして．青土社．

〈図版〉

図1　井筒俊彦（1989）．コスモスとアンチコスモス：事事無礙・理事無礙．In：『井筒俊彦全集 第9巻』，2015．慶應義塾大学出版会，p.46.

図3：ウィキペディア：コッホ曲線：https://ja.wikipedia.org/wiki/ コッホ曲線

索　引

あ行
意識と存在の０ポイント　23, 24, 48
意識の立場　22-24
IT（それ）42
因陀羅網　14-16
映画監督法　9, 58, 59, 76, 77, 79
縁起　3, 7, 9, 11, 13-16, 18, 28, 29, 31, 54, 62
縁起的包摂関係　3, 15, 18, 54

か行
外我　40
カオス　44, 49
観察主体と観察対象　21
観察主体と観察対象の関係の不確定性　17
気分　48
鏡映的反射（応答）51
共感　19, 23, 29, 38, 39, 49, 51, 58, 83, 89, 99
共創的対話　33
共同研究的協働関係　32
共鳴的反射（応答）51
空　10-13, 15-17, 21, 23, 24, 27-29, 34, 37, 38, 43,
　　45, 47, 48, 50, 52, 63, 70, 76-78, 81, 83, 91, 96,
　　99, 102, 105, 106
華厳　3
現実主体（我）40
　　原初の内的—　53
　　自律的外的—　41, 53, 54
　　他律的外的—　41, 53, 54, 57, 58
　　内外融合的外的—　41, 53, 58
　　内的—　41, 48, 53, 54, 57, 58
小物などによる外在化　68
混沌　18, 41, 46, 49, 52, 60, 62, 105

さ行
差異の明確化　51
サトル・ボディ　50
三点法　93
自我同一性　26-28
自己　41
　　—照合システム　47
　　—組織化　45
　　—同一性　26-28
実感と自覚　50

社会的包摂　6, 64
視野狭窄的状態　62, 63, 95, 96
重層的発達　54
自由無碍の俯瞰　18
自律的外的現実主体　41, 53, 54
スケール化法　84
スポット法　88
絶対有　11, 12, 46
絶対無　10
ゼロ・ポイント　52
相対有　11, 12
相対無　11, 12
創　発　3, 5, 23, 26, 30, 39, 41, 44-47, 50, 51, 54,
　　68, 94, 103

た行
第１段階：混沌　52
第２段階：融合　52
第３段階：幻想　53
第４段階：他律　53
第５段階：自律　53
第６段階：IT（それ）54
対話法　73
多層多次元　28
ただ観察　79
他律的外的現実主体　41, 53, 54, 57, 58
超俯瞰法　81
直接体験　43
ドリームボディ　41, 42, 105

な行
内我　40
内外融合的外的現実主体　41, 53, 58
内外融合的主体　41, 52
内我と外我　40
内的現実主体　41, 48, 53, 54, 57, 58
内的世界と外的世界を共に扱う　2, 20, 105
能動的想像法　76

は行
場づくり　21, 32, 64
発達の段階　52, 57
場に即した相談体制や面接構造　18

Holonical Approach

場の立場　22, 23, 31
場の見立て　58
場面再現法　70
不一致・一致の俯瞰　61, 62
俯瞰的枠組み　8, 17, 18, 22, 60, 64
複雑系の科学　9, 11, 14, 24, 46
フラクタル感情論理　49, 105
フラクタル構造　46
フレームワーク　64
ホロニカル
　陰の一的存在　45, 56, 62, 76, 88, 89, 93, 94,
　101, 103
　既知の一主体　41, 53, 54, 57-59
　原初の一主体　41, 52
　幻想的一主体　41, 53
　一関係　3, 7, 9, 13, 15, 16, 18, 29, 31, 32, 44, 50,
　54, 55, 56, 60, 62, 64, 76, 82, 97
　一主体（理）41
　一体験　45
　一的存在　44
　陽の一的存在　45, 62, 89, 93, 94, 103
ホロン　3, 44, 105

　　ま行
見立て　56
無意識的行為の意識化法　85

　　ら行
量子力学　16, 17, 23
量子論　11, 17, 23

著者略歴
定森恭司（さだもり・きょうじ）
1953年生まれ。臨床心理士。早稲田大学で教育心理学を学び，卒業後，民間企業を経て，愛知県の心理職として入職し，児童相談所など福祉現場で，不登校，非行，家庭内暴力，虐待，心身障害など，さまざまな悩みを抱えた子どもや家族への相談・支援を，学校・行政機関・地域関係者と連携して実施してきた。その後，職業サービスセンターで職業適性や職業相談にも関わる。この間，精神分析，家族療法，ブリーフ・セラピー，プロセス心理学などを学ぶと共に，ユング派系の分析家の教育分析を受ける。
1995年，心理相談室"こころ"を名古屋市内に開業し，統合的アプローチの立場から幅広い心理相談に応じるともに，臨床心理士等の専門家に対するスーパービジョンや教育分析を行っている。各種講座や研究会を主催。またスクールカウンセラー事業の導入と定着および，家庭訪問型の支援事業に長く関わる。大学の非常勤講師，児童相談所，教育機関やNPO法人のコンサルテーションやスーパービジョンも引き受けている。日本臨床心理士会私設心理相談領域委員会元委員。
主な著書に，『となりの事情：平成家族案内』（共著，1995，ミネルヴァ書房），『教師とカウンセラーのための学校心理臨床講座』（編著，2005，昭和堂），『学校臨床のヒント』（共著，2007，金剛出版），『保護者との「面談」と親との「面接」の中にある難しさ―学校の場合・相談室の場合』（2013，「児童心理」No.969，金子書房），『ホロニカル・セラピー』（2015，遠見書房）がある。

定森露子（さだもり・つゆこ）
1946年生まれ。臨床心理士。名古屋大学教育学部（教育心理学科）卒。卒業後は愛知県に心理職として入職し，児童相談所・心身障害者施設等の福祉現場でさまざまな悩みを抱えた子どもや家族の相談・支援を，学校，行政機関や地域関係者と連携しつつ実施してきた。また，職業サービスセンターでは職業相談や企業からの相談にもかかわってきた。1997年3月愛知県を退職し，心理相談室こころのチーフカウンセラーとなり，統合的アプローチの立場から幅広い心理相談に応じるとともに，臨床心理士等専門家に対するスーパーバイズも実施。また，大学非常勤講師，大学の学生相談室相談員，スクールカウンセラー，児童相談所へのスーパーバイズ，講演等心理・社会的活動も重視してきた。
主な著書に「非行児の指導に関する研究―学校内における集団非行問題を中心として」（共著，1984，日本愛育研究所紀要第19集），『教師とカウンセラーのための学校心理臨床講座』（共著，2005，昭和堂）がある。

よりホロニカル・アプローチを学びたい方へ
2019年より「対人援助者のための統合的アプローチ研究会（AIA）」を設立しました。
詳しくは，同会ホームページを（https://integrated-approach.jimdofree.com/）ご覧ください。

AIAホームページ
QRコード

ホロニカル・アプローチ
統合的アプローチによる心理・社会的支援

2019年2月20日　初刷

著　者　定森恭司・定森露子
発行人　山内俊介
発行所　遠見書房

遠見書房

〒181-0002　東京都三鷹市牟礼6-24-12
三鷹ナショナルコート004
TEL 050-3735-8185　FAX 050-3488-3894
tomi@tomishobo.com　http://tomishobo.com
郵便振替　00120-4-585728

ISBN978-4-86616-084-9　C3011
©Sadamori Kyoji & Tsuyuko　2019
Printed in Japan

定森恭司の本

ホロニカル・セラピー
内的世界と外的世界を共に扱う統合的アプローチ

定森恭司 著

C3011　ISBN978-4-904536-98-8　　　　本体価格（3,100円＋税）

「観察主体と観察対象をめぐる心的構造が変化すれば，
　　　人は，新しい人生に向かって変容していく」
　　　　——新しい心理療法の宇宙を開く必読の書

　ホロニカル・セラピーとは，著者によって創発された独創的な心理療法である。心の深層から，身体，関係性や社会に至るまで，人間のありようを部分⇔全体的に俯瞰しながらアプローチするもので，フロイトやユング，家族療法，プロセス指向心理学，システム論，ナラティヴ・セラピーに加え，西洋哲学から東洋思想までをバックボーンに，生命力の溢れる情感をともなったこころそのものの体験を扱っていく心理相談の思想および技法のことである。

　臨床心理学は，身体的自己や生活の場から切り離されてしまった「意識」や「精神」を扱ってはいるかもしれない。だが，生命力の溢れる情感をともなったこころそのものの体験を扱っているのだろうか？

おもな目次
第1章　既存理論の限界と新しいパラダイムの創発
第2章　ホロニカル・セラピー概論
第3章　ホロニカル心理学で用いる主要概念
第4章　ホロニカル・セラピーの実際
第5章　さまざまなアプローチ
第6章　心的問題別各論
第7章　心理相談における諸問題
第8章　終章
事例集　事例1／事例2／事例3

心と社会の学術出版　遠見書房
〒181-0002　東京都三鷹市牟礼6-24-12-004
TEL 050-3735-8185／FAX 050-3488-3894
http://tomishobo.com　tomi@tomishobo.com

小社メールマガジンの購読をご希望の方は，
mailmagazine@tomishobo.comへ空メールをお送りください
全国の主要書店で販売しております。